세상을 만드는 신기한 물질

초판 1쇄 인쇄  2023년 4월 25일
초판 1쇄 발행  2023년 5월 10일

**지은이**  김형준 · 김덕훈
**펴낸곳**  대림출판미디어
**펴낸이**  유영일
**마케팅**  신진섭
**등록**  제2021-000005호
**주소**  서울시 영등포구 대림로34다길 16, 다청림 101동 301호
**전화**  02-843-9465
**팩스**  02-6455-9495
**E-mail**  yyi73@naver.com
**Tistory**  https://dae9495.tistory.com

**ISBN**  979-11-92813-05-9  74900
        979-11-975080-0-4 (세트)

※ 값은 뒤표지에 있습니다.
※ 잘못된 책은 바꾸어 드립니다.

# 모두의원소

세상을 만드는 신기한 물질

김형준 · 김덕훈 지음

## 차례

### 1장 원소와 주기율표

원소가 뭘까요? ····· 10

원소 세상의 지도, 주기율표 ····· 13

### 2장 우리가 사는 세상을 이루는 118가지 원소

1. 세상을 싹 틔운 원소, **수소** ····· 18
2. 둥둥 떠다니는 풍선 속 원소, **헬륨** ····· 20
3. 세상에서 가장 가벼운 금속 원소, **리튬** ····· 22
4. 단맛이 나는 금속 원소, **베릴륨** ····· 24
5. 다이아몬드 다음으로 단단한 원소, **붕소** ····· 26
6. 생명체에게 가장 중요한 원소, **탄소** ····· 28
7. 대기 중에 가장 많은 원소, **질소** ····· 30
8. 생명체에게 꼭 필요한 원소, **산소** ····· 32
9. 치약에 사용되는 원소, **플루오린** ····· 34
10. 밤거리를 수놓는 원소, **네온** ····· 36
11. 소금을 구성하는 원소, **소듐** ····· 38

| 12 | 식물의 성장에 필요한 원소, **마그네슘** ····· 40 |
| 13 | 금보다 비쌌던 원소, **알루미늄** ····· 42 |
| 14 | 반도체에 꼭 필요한 원소, **규소** ····· 44 |
| 15 | DNA를 구성하는 원소, **인** ····· 46 |
| 16 | 손톱이나 머리카락을 구성하는 원소, **황** ····· 48 |
| 17 | 물을 깨끗하게 하는 데 필요한 원소, **염소** ····· 50 |
| 18 | 전구 속 가득한 원소, **아르곤** ····· 52 |
| 19 | 시금치 속에 들어 있는 원소, **포타슘** ····· 54 |
| 20 | 뼈를 튼튼하게 해 주는 원소, **칼슘** ····· 56 |
| 21 | 야구장의 밝은 조명을 만드는 원소, **스칸듐** ····· 58 |
| 22 | 강력한 고급 장비를 만드는 원소, **타이타늄** ····· 60 |
| 23 | 강철을 단단하게 해 주는 원소, **바나듐** ····· 62 |
| 24 | 철을 녹슬지 않게 만드는 원소, **크로뮴** ····· 64 |
| 25 | 벽화를 그리는 데 사용한 원소, **망가니즈** ····· 66 |
| 26 | 인류와 역사를 함께한 원소, **철** ····· 68 |
| 27 | 독일 도깨비의 이름을 딴 원소, **코발트** ····· 70 |
| 28 | 충전용 건전지에 쓰이는 원소, **니켈** ····· 72 |
| 29 | 청동기 시대부터 사용된 원소, **구리** ····· 74 |
| 30 | 사람이 살아가는 데 필요한 원소, **아연** ····· 76 |
| 31 | 손으로도 녹일 수 있는 금속 원소, **갈륨** ····· 78 |
| 32 | 생명체에 필요하지 않는 원소, **저마늄** ····· 79 |
| 33 | 독약을 초록색으로 만든 원소, **비소** ····· 80 |

| 34 | 일부러 먹을 필요가 없는 원소, **셀레늄** ····· 81 |
| 35 | 브로마이드의 어원이 된 원소, **브로민** ····· 82 |
| 36 | 공항의 활주로를 밝혀 주는 원소, **크립톤** ····· 83 |
| 37 | 원자시계를 만드는 원소, **루비듐** ····· 84 |
| 38 | 생명을 위협하는 최악의 원소, **스트론튬** ····· 85 |
| 39 | 최초로 발견된 희토류 원소, **이트륨** ····· 86 |
| 40 | 큐빅을 만드는 원소, **지르코늄** ····· 87 |
| 41 | 초전도체를 만드는 원소, **나이오븀** ····· 88 |
| 42 | 흑연이라고 생각했던 원소, **몰리브데넘** ····· 90 |
| 43 | 사람이 처음 만들어 낸 원소, **테크네튬** ····· 92 |
| 44 | 컴퓨터의 기억을 담당하는 원소, **루테늄** ····· 93 |
| 45 | 대기 오염을 막아 주는 원소, **로듐** ····· 94 |
| 46 | 아이언맨의 아크 원자로에 쓰인 원소, **팔라듐** ····· 95 |
| 47 | 독을 검사하는 원소, **은** ····· 96 |
| 48 | 국가에서 엄격하게 관리하는 원소, **카드뮴** ····· 97 |
| 49 | 태양 전지를 만드는 데 사용되는 원소, **인듐** ····· 98 |
| 50 | 청동기 시대의 주인공 원소, **주석** ····· 99 |
| 51 | 변비약으로 사용되었던 원소, **안티모니** ····· 100 |
| 52 | 지구를 뜻하는 원소, **텔루륨** ····· 101 |
| 53 | 소독약으로 사용되는 원소, **아이오딘** ····· 102 |
| 54 | 이온 엔진을 작동시키는 원소, **제논** ····· 103 |
| 55 | 1초의 기준이 되는 원소, **세슘** ····· 104 |

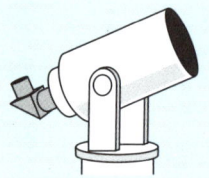
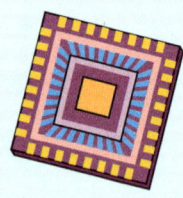

| 56 | 독성이 있지만 인체에 사용되는 원소, **바륨** ····· 105 |
| 57 - 71 | 성질이 서로 비슷한 원소들, **란타넘족** ····· 106 |
| 72 | 원자로의 제어봉에 사용되는 원소, **하프늄** ····· 114 |
| 73 | 전자 제품의 핵심 원소, **탄탈럼** ····· 115 |
| 74 | 열에 매우 강한 원소, **텅스텐** ····· 116 |
| 75 | 끓는점이 가장 높은 원소, **레늄** ····· 117 |
| 76 | 밀도가 가장 큰 원소, **오스뮴** ····· 118 |
| 77 | 1kg의 기준이 된 원소, **이리듐** ····· 119 |
| 78 | 금보다 비싼 원소, **백금** ····· 120 |
| 79 | 사람들의 관심이 많은 원소, **금** ····· 121 |
| 80 | 액체 상태로 존재하는 금속 원소, **수은** ····· 122 |
| 81 | 알게 모르게 중독되는 원소, **탈륨** ····· 123 |
| 82 | 베토벤의 목숨을 빼앗은 원소, **납** ····· 124 |
| 83 | 무지개 광택을 내는 원소, **비스무트** ····· 125 |
| 84 | 가장 독성이 강한 원소, **폴로늄** ····· 126 |
| 85 | 세상에서 가장 적은 원소, **아스타틴** ····· 127 |
| 86 | 마시면 위험한 원소, **라돈** ····· 128 |
| 87 | 프랑스 이름을 딴 원소, **프랑슘** ····· 129 |
| 88 | 마리 퀴리에게 노벨상을 안긴 원소, **라듐** ····· 130 |
| 89 -103 | 높은 에너지의 방사성 원소들, **악티늄족** ····· 131 |
| 104 -118 | 연구 목적으로 사용되는 원소들 ····· 139 |

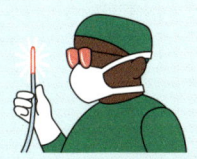

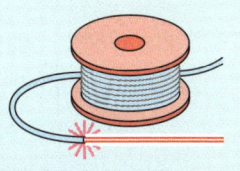

이 책에 들어가는 일러스트의 저작권은
2005-2016 Keith Enevoldsen/elements.wlonk.com에 있습니다.
Creative Commons Attribution-ShareAlike 4.0 International License에 따라
사용이 허가되었습니다.

# 1장

## 원소와 주기율표

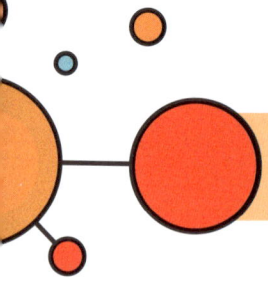

# 원소가 뭘까요?

우리가 살아가는 세상에는 수많은 물건이 있어요. 학교에 들고 다니는 연필, 지우개, 책, 휴대 전화도 있고, 옷, 창문, 떡볶이, 치약…… 모두 말해 보라고 하면 며칠은 꼬박 말할 수 있을 만큼 많을 거예요. 이렇게 모양을 갖고 있는 것을 '물체'라고 해요.

모든 물체는 그것을 만드는 재료가 있어요. 예를 들면 나무로 만든 종이가 있다고 해 봐요. 종이는 물체의 이름이고, 나무는 종이의 재료라고 할 수 있지요. 이때 물체의 재료를 '물질'이라고도 부른답니다.

오래전부터 과학자들은 우리 세계가 어떤 물질들로 이루어져 있는지 궁금해했어요. 그래서 물질을 더 이상 쪼갤 수 없는 작은 알갱이가 될 때까지 쪼개 보았어요. 그 결과 그 작은 알갱이들이 여러 형태로 결합하여 다양한 물질이 만들어진다는 사실을 알아냈어요. 물질을 이루는 이 작은 알갱이가

| 물체 | 물질(물체의 재료) |
|---|---|
| 종이 | 나무 |
| 창문 | 유리 |
| 페트병 | 플라스틱 |
| 지우개 | 고무 |
| 숟가락 | 금속 |

'원자'랍니다.

과학자들은 각각의 원자들이 어떤 특징이 있는지 알아보기 위해 열심히 연구해 보았어요. 그 결과 원자는 제각각 다른 성질을 갖고 있고, 성질에 따라 여러 가지 묶음으로 나눌 수 있다는 사실을 발견했지요. 그래서 같은 성질을 가진 원자끼리 묶어서 이름표를 붙여 주기로 했는데, 이 이름표를 '원소'라고 부르기로 했어요.

원소? 원자? 헷갈린다면 지금부터 간단한 비유를 해 볼까요?

필통 속에 연필 세 자루, 지우개 한 개, 볼펜 두 자루가 들어 있다고 상상해 봐요.

**Q 필통 속에 몇 개의 물건이 있나요?**
A 연필 세 자루, 지우개 한 개, 볼펜 두 자루가 있어요, 총 여섯 개의 물건이 있어요.

**Q 필통 속에 몇 종류의 물건이 있나요?**
A 연필, 지우개, 볼펜 총 세 가지 종류가 있어요.

여기서 각각의 개수를 물어본 건 원자를 물어본 것이고, 종류를 물어본 건 원소를 물어본 거예요. 즉, 원자는 물질을 구성하는 각각의 알갱이를 가리키는 말이고, 원소는 물질의 종류를 가리키는 말이에요.

정리하면, 우리 주변의 수많은 물체는 물질로 이루어져 있고, 이 물질은 원소라는 재료로 이루어져 있다고 할 수 있어요!

| 물체 | 물질(물체의 재료) | 원소(물질의 재료) |
|---|---|---|
| 종이 | 나무 | 탄소, 수소, 산소 등 |
| 창문 | 유리 | 규소, 산소 등 |
| 페트병 | 플라스틱 | 수소, 탄소 등 |
| 지우개 | 고무 | 탄소, 수소 등 |
| 숟가락 | 금속 | 철, 크로뮴, 니켈 등 |

자연 상태에서 원소가 혼자서 어떤 물질을 이루는 경우는 드물어요. 왜 그럴까요? 우리가 집을 짓는다고 상상을 해 볼까요? 만약 여러분이 벽돌이라는 재료만 가지고 집을 짓는다면 이상한 집이 될 거예요. 집을 지으려면 벽돌뿐만 아니라 창문을 만들 유리도, 문을 만들 나무도, 바닥에 깔 장판도 필요해요.

물질도 집을 짓는 것과 마찬가지로 하나의 원소만 가지고 만들기 부족한 경우가 많아요. 그래서 보통 다른 원소들과 서로 힘을 합쳐 다양한 성질을 가진 물질을 만든답니다. 이렇게 두 가지 이상의 원소가 합쳐져 있는 물질을 '화합물'이라고 해요.

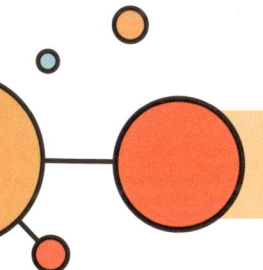

# 원소 세상의 지도, 주기율표

"이 지구에는 어떤 원소들이 있을까?"

원소의 존재를 발견한 과학자들은 지구에 존재하는 모든 원소를 찾기 시작했어요. 새로운 원소를 발견할 때마다 이름을 붙이고 간단한 기호를 정했지요. 연구가 계속될수록 새로 발견한 원소는 점점 많아졌고, 이것을 정리할 필요를 느꼈어요. 모든 물건을 한곳에 몰아넣어 두고 원하는 물건을 찾아내는 것보다 정리된 서랍장에서 찾으면 훨씬 쉽고 편하게 꺼내 쓸 수 있잖아요.

드미트리 멘델레예프

원소들을 처음 체계적으로 정리한 사람은 러시아의 화학자인 드미트리 멘델레예프예요. 1869년 멘델레예프는 원소들을 이리저리 배치하다가 중요한 규칙을 한 가지 알아냈어요.

"원소를 무게(원자량)가 무거운 순서대로 배치하면, 일정한 주기마다 비슷한 성질을 띠는 규칙이 있구나."

여기서 '주기'란 똑같은 성질이 다시 나타날 때까지 걸리는 기간, 횟수를 말해요. 규칙을 찾은 멘델레예프는 원소들을 무게에 따라 분류해서 하나의 표를 완성했어요. 이 표를 '주기율표'라고 하지요.

멘델레예프가 살던 1800년대에는 63개 정도의 원소만 발견되었는데, 주기율표를 바탕으로 멘델레예프는 당시에 발견되지 않은 미지의 원소까지 미리 예측할 수 있었어요. 수십 년 뒤, 실제로 발견된 원소의 성질은 멘델레예프의 예측과 놀랍도록 맞아떨어졌어요.

멘델레예프의 주기율표를 바탕으로 1915년 영국의 물리학자 헨리 모즐리는 원소의 성질은 원자의 무게보다 양성자 수 순서대로 나열했을 때 주기별로 원소의 성질이 더 정확하게 들어맞는다는 사실을 밝혀냈어요. 모즐리는 새로운 규칙에 따라 멘델레예프가 만든 주기율표 일부를 수정하였지요.

그 뒤로도 수많은 연구 끝에 과학자들은 우리가 사는 지구에 서로 다른 성질을 가진 원소가 118개가 있다는 것을 밝혀냈어요. 정확히 말하면 지금까지 발견하거나 만든 원소가 118개예요. 아직 발견되지는 않았지만 세상에는 118개보다 더 많은 원소가 존재할 수도 있어요.

그래도 118개라니! 정말 많지요? 새로 발견된 원소도 과학자들은 규칙에 따라 배치하여 오늘날 우리가 사용하는 주기율표를 완성했답니다.

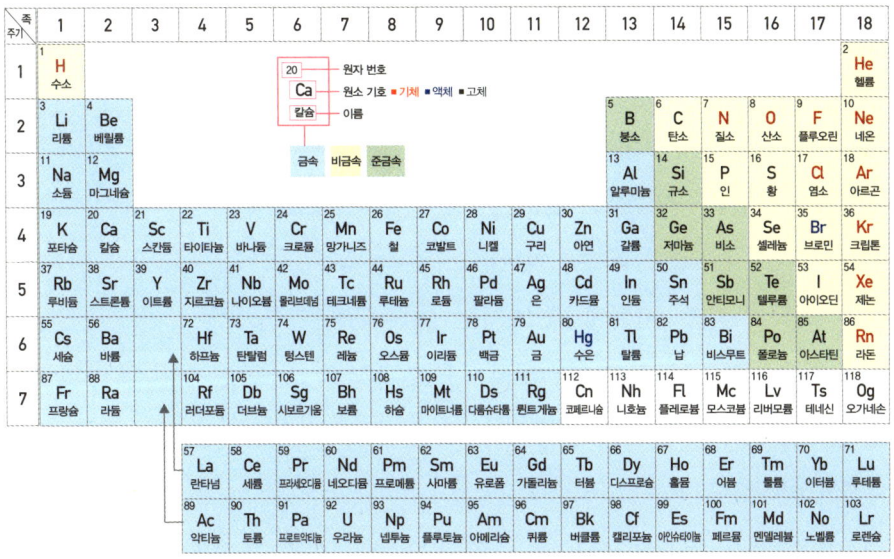

주기율표는 원소를 비슷한 성질을 가진 여러 개의 묶음으로 만들어 배열했기 때문에 원소가 주기율표 어디에 위치하는지에 따라 성질을 쉽게 예측할 수 있어요.

비슷한 성질을 가진 원소들의 묶음을 주기율표에서는 세로줄로 배치했어요. 그리고 각 세로줄을 '족'이라고 부르지요. 1족, 2족, 3족… 이렇게 해서 18족까지 있어요.

같은 족에 속한 원소들은 비슷한 성질을 가지고 있어요. 예를 들어서 1족 원소들은 모두 칼에 잘릴 정도로 무르고, 물에 닿으면 불꽃을 낼

만큼 반응을 하는 성질을 갖고 있지요.

조금 더 자세히 주기율표를 살펴볼까요? 주기율표를 보면, 금속(파란색), 비금속(노란색), 준금속(녹색)으로 분류한 것을 알 수 있어요. 원소의 속성에 따른 분류이지요. 원소는 크게 '금속성'을 갖느냐에 따라 금속 원소(알칼리, 전이 금속, 란타넘, 악티늄 등), 비금속 원소(비금속, 할로젠, 비활성 기체), 준금속 원소, 이렇게 세 가지로 분류해요.

주기율표의 대부분을 차지하는 금속 원소는 대부분 상온에서 고체 상태이며, 반짝반짝 광택이 나요. 그리고 열과 전기를 아주 잘 전달하는 성질이 있어요.

비금속 원소는 주기율표 오른쪽에 위치하는데, 금속과는 반대로 광택이 없으며 열과 전기를 잘 전달하지 못해요. 그리고 상온에서 고체, 액체, 기체의 다양한 상태로 존재해요.

마지막으로 준금속은 금속 원소와 비금속 원소의 경계에 위치하는데, 금속과 비금속의 중간 성질을 갖고 있답니다.

분류에 따른 원소의 성격은 이 정도로만 설명하고, 이 책에서는 각 원소의 특성을 원자 번호 순서에 따라 차근차근 설명할게요.

## 2장

## 우리가 사는 세상을 이루는 118가지 원소

# 1  세상을 싹 틔운 원소, **수소**

우리가 살아가는 데 꼭 필요한 것에는 무엇이 있을까요? 음식? 공기? 햇빛? 여러 가지가 있겠지만 '물'을 빼놓을 수는 없어요. 왜냐하면 우리 몸의 70퍼센트는 물로 이루어져 있고, 물을 마셔야 살 수 있기 때문이지요.

물

이렇게 우리에게 중요한 물을 이루는 원소는 무엇일까요? 바로 '수소'예요. 수소의 기호는 H이고, 원자 번호는 1번이에요. 수소는 영어로 '히드로겐(Hydrogen)'인데, '물'을 뜻하는 '히드로(hydro)'와 '만들다'를 뜻하는 '제네(gene)'를 합쳐서 '물을 만드는 것'이라는 뜻을 가지고 있어요.

빅뱅으로 우주가 생길 때 가장 먼저, 그리고 많이 생겨난 원소가 바로 수소예요. 이렇게 생겨난 수소 덕분에 수많은 행성과 물질들이 생겨났어요. 우리가 잘 아는 별인 태양과 행성인 목성도 대부분 수소로 이루어져 있지요. 이뿐인가요? 생명체를 이루는 단백질, 탄수화물, 지방과 같은 물질들에도 수소가 들어가 있어요.

수소는 보통 기체 상태로 있어요. 세상에서 가장 가벼운 기체이지요.

가볍다 보니 과거에는 풍선이나 비행선을 띄우는 용도로도 사용했어요. 하지만 쉽게 폭발하는 성질을 갖고 있어서 현재 수소를 채운 비행선은 만들지 않고 있답니다.

### 우리 생활 속 수소

수소는 물에서 얻을 수 있기 때문에 자원으로 매우 풍부해요. 또 석유와는 다르게 태울 때 매연이 아니라 물이 생기는 성질이 있어서 미래의 에너지원으로 주목 받고 있어요. 대표적으로 수소 자동차와 수소를 활용한 연료 전지가 있지요. 연구를 더 하면 미래에는 일상생활에서 수소를 더 많이 활용할 수 있을 거예요.

| 원자 번호 1　H　수소　Hydrogen | 특징 | 가장 가벼운 기체 / 불을 만나면 폭발함 | | |
| --- | --- | --- | --- | --- |
| | 사용 분야 | 친환경 연료 전지, 로켓 발사 연료, 수소 자동차 연료, 냉각제 등 | | |
| | 발견자 | 헨리 캐번디시(영국) | | |
| | 발견 연도 | 1766년 | 주기율표 족 | 1족 |
| | 상온에서 상태 | 기체 | | |

## 2  둥둥 떠다니는 풍선 속 원소, 헬륨

놀이공원 등에서 하늘에 둥둥 떠 있는 풍선을 본 적이 있나요? 우리가 입으로 분 풍선은 하늘에 뜨지 못하고 땅에 떨어지는데, 놀이공원에서 파는 풍선은 줄을 매달지 않으면 하늘 높이 날아가 버려요. 풍선 속에 들어 있는 원소가 '헬륨'이기 때문이죠.

헬륨 풍선

헬륨은 지구 대기의 공기보다 가벼운 기체라서 가두어 두지 않으면 지구 밖으로 날아가 버리는 성질이 있어요. 그래서 헬륨은 우주에서 두 번째로 풍부한 원소이지만 지구에서는 희귀한 원소랍니다.

헬륨의 기호는 He이고, 원자 번호는 2번이에요. 주기율표에서는 가장 오른쪽 18족에 자리하고 있어요. '헬륨(Helium)'이라는 이름은 그리스의 티탄족 태양신 '헬리오스(Helios)'의 이름을 따서 지었어요. 태양 빛을 관측하다 헬륨 원소를 발견했기 때문이지요.

헬륨을 들이마시면 순간적으로 목소리가 이상하게 바뀌어요. 〈미키

마우스)에 나오는 '도널드 덕' 목소리와 비슷해져요. 그래서 헬륨을 마시고 목소리가 변하는 현상을 '도널드 덕 효과'라고 해요.

### 우리 생활 속 헬륨

헬륨은 놀이공원의 헬륨 풍선이나 비행선을 띄우는 용도로 사용해요. 사실 수소가 헬륨보다 더 가볍지만, 쉽게 폭발하는 성질 때문에 더 안전한 헬륨을 많이 활용한답니다.

또한 잠수할 때 사용하는 공기 탱크에도 산소와 함께 헬륨이 들어 있어요. 액체 상태의 헬륨은 병원에서 쓰는 MRI 기계의 초전도 자석을 냉각시키는 데 사용한답니다.

| 원자 번호 2 He 헬륨 Helium | 특징 | 대기보다 가벼움 / 안정성이 높음 | | |
|---|---|---|---|---|
| | 사용 분야 | 놀이동산 풍선, 잠수용 호흡 가스, 액체 헬륨 등 | | |
| | 발견자 | 피에르 얀센(프랑스), 노먼 로키어(영국) | | |
| | 발견 연도 | 1868년 | 주기율표 족 | 18족 |
| | 상온에서 상태 | 기체 | | |

## 3  세상에서 가장 가벼운 금속 원소, 리튬

휴대 전화나 태블릿 PC의 공통점은 무엇일까요? 가지고 다니기 편하고 배터리를 다시 충전해서 사용할 수 있다는 거죠? 그러자면 가볍고 다시 충전하기 쉬운 전지가 필요해요.

리튬 전지

이런 특징을 가진 전지를 만드는 데 필요한 것이 '리튬'이에요. 리튬 전지는 비교적 오래 사용할 수 있고 따뜻하거나 추운 곳에서도 작동해서 아주 편리해요.

리튬의 기호는 Li이고 원자 번호는 3번이에요. '리튬(Lithium)'이라는 이름은 '돌', '암석'을 뜻하는 그리스어 '리도스(lithos)'에서 따왔어요. 리튬을 암석에서 처음 발견했기 때문에 이렇게 이름을 지었지요.

리튬은 암석 속에서 다른 금속과 섞여 있는 경우가 대부분이어서 분리하기가 어려운 편이에요. 다른 금속과 달리 땅속에 묻혀 있는 양이 적고 한곳에 집중해서 매장되어 있는 편이에요.

세상에서 가장 가벼운 금속 원소 리튬은 은색 빛을 띠고 있으며, 금속이지만 사람이 칼로 자를 수 있을 정도로 무른 상태예요. 물과 잘 반응해서 물속에 집어넣으면 부글부글 끓어오르다가 폭발하는 독특한 성질을 갖고 있어요. 그래서 리튬은 물과 만나지 않도록 기름 속에 주로 보관한답니다.

### 우리 생활 속 리튬

리튬은 휴대 전화나 노트북 배터리를 만드는 데 사용돼요. 요즘 길거리에서 자주 보이는 전기 자동차 배터리도 리튬 전지를 사용한답니다. 리튬은 다른 원소와 섞여 유리를 잘 녹게 할 수도 있고, 리튬을 함유한 세라믹이나 유리로 열에 강한 요리 기구를 만들 수도 있어요.

원자 번호 3
Li
리튬
Lithium

| 특징 | 가벼운 금속 / 물을 만나면 폭발함 | | |
|---|---|---|---|
| 사용 분야 | 전자 기기, 전기 자동차의 리튬 전지, 유리 제작 등 | | |
| 발견자 | 요한 아르프베드손(스웨덴) | | |
| 발견 연도 | 1817년 | 주기율표 족 | 1족 |
| 상온에서 상태 | 고체 | | |

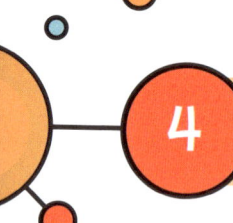

# 4 단맛이 나는 금속 원소, 베릴륨

단맛을 내는 금속이 있다면 믿을 수 있나요? 베릴륨은 먹었을 때 단맛을 내는 금속이에요.

금속인데 어떻게 맛을 알았냐고요? 지금처럼 원소에 대해서 알려진 것이 없던 과거에는 냄새 맡고, 만져 보고, 심지어 직접 먹어 보기도 했어요. 베릴륨이 단맛을 낸다는 사실도 그렇게 알게 되었지요. 하지만 폐에 심각한 병을 일으킨다는 사실이 밝혀져 오늘날에는 공업용으로만 쓰이고 절대 먹지 않는답니다.

**녹주석**

베릴륨의 기호는 Be이고, 원자 번호는 4번이에요. '베릴륨(Beryllium)' 이라는 이름은 '녹주석'을 뜻하는 그리스어 '베릴로(beryllo)'에서 따와 지었어요. 베릴륨이 녹주석에 많이 들어 있기 때문이지요.

녹주석은 청록색을 띠고 있는 광물인데, 색이 아름답고 투명하여 값비싼 보석으로 사랑받아 왔어요. 에메랄드와 아쿠아마린과 같은 우리가 잘 알고 있는 보석도 녹주석을 재료로 만든답니다.

### 우리 생활 속 베릴륨

베릴륨은 구리, 니켈, 알루미늄 등 다른 금속 원소와 섞으면 고강도 합금으로 사용할 수 있어요. 합금이란 둘 이상의 금속이나 금속과 비금속을 섞어 새로운 금속을 만드는 거예요. 베릴륨을 섞은 합금은 강철보다 단단하고 알루미늄보다 가벼우며 잘 손상되지 않는 장점이 있지요. 전기와 열을 잘 전달하고, 마모와 부식에 강하고, 탄성이 높아서 시계 부품, 항공기 엔진, 강화 용수철 등에 널리 쓰인답니다. 또한 열에도 잘 견뎌서 항공 우주 산업에도 많이 이용되고 있어요.

| 원자 번호 4 Be 베릴륨 Beryllium | 특징 | 단맛이 남 / 강하고 열에 잘 견딤 | | |
|---|---|---|---|---|
| | 사용 분야 | 시계 부품, 항공기 엔진, 강화 용수철 등 | | |
| | 발견자 | 니콜라 루이 보클랭(프랑스) | | |
| | 발견 연도 | 1797년 | 주기율표 족 | 2족 |
| | 상온에서 상태 | 고체 | | |

## 5 다이아몬드 다음으로 단단한 원소, 붕소

세상에서 가장 단단한 물질은 뭘까요? 바로 탄소로 만들어진 '다이아몬드'예요. 보석으로도 유명하고 가치가 높은 다이아몬드는 탄소 원자 다섯 개로 이루어져 있어요. 다이아몬드 다음으로 단단한 건 '붕소'예요.

테니스 라켓

검은색 고체 상태로 존재하는 붕소는 아쉽게도 다이아몬드처럼 아름답지도 않고, 강도도 높아 다루기 힘들어요. 그래서 순수한 붕소는 별로 이용되진 않지만 화합물은 주변에서 자주 활용되고 있어요. 붕소는 열을 잘 견뎌야 하는 곳이나 단단함을 필요로 하는 곳에 사용되고 있어요. 테니스 라켓, 골프채 등 각종 스포츠 용구나 낚싯대, 기계 재료 등으로 많이 쓰인답니다.

붕소의 기호는 B이고, 원자 번호는 5번이에요. 붕소는 영어로 '보론(Boron)'인데, '붕사'를 뜻하는 아랍어 '부라크(buraq)'에서 이름이 만들어졌어요. 고대 중국과 아라비아 등에서 도자기 유약으로 쓰던 회백색 광물 '붕사(borax)'에서 많이 발견되었기 때문이에요.

## 우리 생활 속 붕소

붕소는 강도가 높기 때문에 질소와 합쳐져서 방탄조끼, 군용 차량 등에 사용돼요. 산소와 합쳐서 열에 강하고 잘 깨지지 않는 유리를 만들 때도 사용하지요. 탄소와의 화합물인 탄화 붕소는 단단함을 살려 합금 첨가제로 쓰여요. 붕소 원소로 만든 붕산은 살균 작용이 있어 방부제나 세척제로 사용했어요. 하지만 건강에 해로워서 오늘날에는 많이 사용하지 않아요. 다만 물과 섞으면 위험성이 줄어들기 때문에 해충을 잡는 살충제 용도로 이용할 수 있어요.

| 원자 번호 5 B 붕소 Boron | 특징 | 단단하고 열팽창률이 높음 | | |
|---|---|---|---|---|
| | 사용 분야 | 스포츠 용구, 방탄조끼, 군용 차량, 살충제 등 | | |
| | 발견자 | 조제프 루이 게이뤼삭(프랑스), 루이자크 테나르(프랑스), 험프리 데이비(영국) | | |
| | 발견 연도 | 1808년 | 주기율표 족 | 13족 |
| | 상온에서 상태 | 고체 | | |

## 6. 생명체에게 가장 중요한 원소, 탄소

숯과 다이아몬드가 공통점이 있다면 믿어지나요? 모습은 전혀 다르지만 '탄소'로만 이루어졌다는 공통점이 있어요. 다만 탄소 원소가 다른 모양으로 배치되어 있어서 전혀 다른 성질을 가진답니다.

탄소의 기호는 C이고, 원자 번호는 6번이에요. 탄소는 영어로 '카본(Carbon)'인데, '목탄'이라는 뜻을 가진 라틴어 '카르보(carbo)'에서 이름을 가져왔다고 해요.

탄소는 우리가 사는 세상을 구성하는 가장 중요한 원소예요. 지구의 대기, 땅, 생명체, 숯과 다이아몬드 등에 모두 들어 있어요. 우리가 먹는 영양소인 탄수화물, 단백질, 지방도 탄소가 다른 원소와 섞인 화합물이에요. 그뿐인가요? 식물도 광합성을 할 때 이산화탄소와 물로 영양소를 만들지요. 그래서 생물체가 먹고 배출하는 모든 것에 탄소가 포함되어 있답니다.

석유와 가스 등에도 탄소가 들어 있어요. 하지만 알다시피 탄소는 지구 온난화를 일으키는 원인이기도 해요. 연료로 사용되면서 나오는 이산화

탄소가 필요한 생명체

탄소가 공기 중에 쌓여서 온실 효과를 일으킨 탓이지요.

## 우리 생활 속 탄소

'탄소 섬유'는 탄소로 만든 매우 가는 섬유예요. 탄소 섬유로 만든 옷은 뜨거운 것이나 화학 약품에 닿아도 모양이 잘 변하지 않고 튼튼해요. 또한 탄소는 금속보다 가볍고 강해서 비행기, 로켓, 낚시 도구, 자전거 프레임 등을 만드는 데 쓰여요. '탄소 나노튜브'는 튜브 형태로 이루어진 탄소 물질이에요. 철보다 100배 이상 단단하여 태양 전지, 방탄 섬유, 고강도 케이블 등에 활용되지요. 탄소는 신소재를 개발하는 데도 많이 쓰이는 원소예요. 탄소를 이용한 대표적인 신소재로는 그래핀이 있지요.

| 원자 번호 6 C 탄소 Carbon | 특징 | 암석이나 광물 안에 많이 들어 있음 / 생물의 몸을 이루는 주요 성분 | | |
|---|---|---|---|---|
| | 사용 분야 | 기계 제품, 전자 제품, 생물의 활동 등 | | |
| | 발견자 | 모름 | | |
| | 발견 연도 | 기원전 | 주기율표 족 | 14족 |
| | 상온에서 상태 | 고체 | | |

## 7 대기 중에 가장 많은 원소, 질소

지구 표면을 둘러싼 여러 가지 기체들을 '대기'라고 해요. 대기 속에는 어떤 원소가 가장 많을까요? 바로 '질소'예요. 질소는 대기의 78퍼센트를 차지하고 있어요. 그다음으로 많은 기체는 산소, 아르곤, 이산화탄소 순서예요.

질소의 기호는 N이고, 원자 번호는 7번이에요. 질소는 영어로 '니트로겐(Nitrogen)'인데, '사물의 기초'라는 뜻의 그리스어인 '니트론(nitron)'에서 이름을 따왔어요. '질소'라는 이름에는 '질식시키는 성질'이라는 뜻이 있어요. 왜 이런 특이한 이름이 붙었냐고요? 질소를 처음 발견한 사람은 영국의 과학자 러더퍼드예요. 러더퍼드는 양초를 병 속에서 태운 뒤 그 안에 생쥐를 넣었어요. 시간이 흐르자 생쥐는 병 속에서 죽었어요.

"병 속에 있는 기체가 생쥐를 질식시켜 죽게 했어. 이 기체가 뭘까?"

산소가 없어서 나온 결과였지만, 당시 러더퍼드는 새로 발견한 기체, 즉 질소 때문에 생쥐가 죽었다고 오해했지요. 나중에는 사실이 밝혀졌지만, 원소 이름은 여전히 질소라고 불리고 있답니다.

동식물의 생명을 유지하는 데는 질소가 꼭 필요해요. 우리 몸의 근육을 이루는 단백질의 재료인 아미노산을 구성하는 게 질소예요. 또 식물은 뿌리를 통해 땅에서 질소를 얻어요. 만약 땅속에 질소가 부족하다면 비료로 보충해 주어야 하지요.

근육

### 우리 생활 속 질소

질소가 사람의 목숨을 해치기도 해요. 알프레드 노벨은 질소를 이용해서 다이너마이트를 만들었어요. 처음에는 터널을 뚫기 위한 산업용으로 다이너마이트를 발명했지만 도리어 전쟁에 이용되어 수많은 목숨을 앗아 갔지요.

또한 질소를 영하 196℃까지 낮추면 액체 질소가 만들어져요. 이를 이용해서 많은 물체를 얼리지요. 우리가 좋아하는 아이스크림도 이렇게 만들어요.

| 원자 번호 7<br><br>**N**<br><br>질소<br>Nitrogen | 특징 | 지구 대기에서 가장 많은 기체 /<br>단백질 필수 구성 물질 | | |
|---|---|---|---|---|
| | 사용 분야 | 액체 질소, 비료, 다이너마이트 등 | | |
| | 발견자 | 대니얼 러더퍼드(영국) | | |
| | 발견 연도 | 1772년 | 주기율표 족 | 15족 |
| | 상온에서 상태 | 기체 | | |

## 8  생명체에게 꼭 필요한 원소, 산소

산소는 지구상에서 생명체에게 가장 중요하다고 할 수 있어요. 산소가 없다면 우리가 숨을 못 쉬어 죽을 수 있어요. 또 산소 원자 3개로 이루어진 기체를 오존이 라고 하는데, 지구를 둘러싼 오존층이 파괴

공기

되면 태양 자외선에 노출되어 피부가 화상을 입을 수 있지요. 이뿐 아니라 생명체를 구성하는 모든 세포가 숨을 못 쉬고 죽을 수도 있어요.

반대로 산소가 너무 많아도 문제예요. 지구에 산소 농도가 높아지면 산소 중독으로 인류의 수명이 줄어들고, 사방에서 화재가 많이 발생할 거예요. 식물도 광합성을 하지 못하고, 연이어 생태계가 파괴될 수 있어요. 그만큼 산소는 우리가 살아가는 데 중요해요.

산소의 기호는 O이고, 원자 번호는 8번이에요. 산소는 영어로 '옥시겐(Oxygen)'인데, '산(酸)'을 뜻하는 그리스어 '옥시(oxy)'와 '만들다'를 뜻하는 '제네(gene)'를 합쳐서 만든 이름이에요.

산소는 색도 없고, 냄새도 없고, 특별한 맛이 없는 기체예요. 질소

다음으로 대기 중에 많아요. 또 거의 모든 물질과 만나 반응을 해요. 물질이 타는 것, 금속이 녹슬고 재로 변하는 것은 모두 산소가 부리는 마법이랍니다.

### 우리 생활 속 산소

생명체는 산소를 호흡하여 에너지와 양분을 만들어요. 우리가 살아가기 위해서도 산소가 꼭 필요해요. 또한 산소는 불을 피울 때도 꼭 필요해요. 그래서 산소를 차단하면 불이 꺼지지요. 산업과 공업 분야에서도 산소는 중요한 일을 해요. 강철을 만들거나 금속을 연결하거나 자르는 곳에 쓰여요. 우주로 발사하는 로켓의 연료로도 이용돼요.

| 원자 번호 8<br><br>O<br><br>산소<br>Oxygen | 특징 | 생명체 호흡의 필수 요소 /<br>물질을 불타게 하거나 녹슬게 함 | | |
|---|---|---|---|---|
| | 사용 분야 | 호흡, 제철, 용접, 연료 등 | | |
| | 발견자 | 조지프 프리스틀리(영국) | | |
| | 발견 연도 | 1774년 | 주기율표 족 | 16족 |
| | 상온에서 상태 | 기체 | | |

# 9  치약에 사용되는 원소, 플루오린

여러분은 식사 후에 양치를 잘 하나요? 양치를 할 때 무엇을 이용하나요? 바로 치약과 칫솔이지요? 치약에는 어떤 성분이 있어서 우리 이를 튼튼하게 해 주는 것일까요? 바로 '플루오린'이에요. 사실 플루오린은 반응성이 높고 독성이 매우 강해서 위험한 원

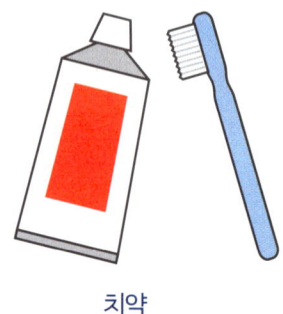

치약

소예요. 실제로 플루오린 원소를 분리하던 많은 과학자들이 중독되어 죽었고, 플루오린 분리에 최초로 성공한 과학자 앙리 무아상도 실험 중에 한쪽 눈을 잃었어요. 살충제로도 잘 죽지 않는 바퀴벌레도 플루오린에 닿으면 몇 분 안에 죽는다고 하니 정말 무섭죠?

그런데 이렇게 위험한 원소를 양치질하는 데 쓴다니 어째 무시무시하죠? 플루오린은 다른 원소와 섞어서 사용해요. 다른 원소와 섞은 플루오린 화합물은 독성이 없고, 치아에 얇은 막을 입혀 충치를 예방하고 치아를 튼튼하게 만들죠.

플루오린의 기호는 F이고 원자 번호는 9번이에요. '플루오린(Fluorine)'

이라는 원소 이름은 '흐르다'를 뜻하는 라틴어 '플루오레(fluore)'에서 가져왔어요. 플루오린을 많이 함유하고 있는 광물인 '형석(fluorite)'의 이름에서 따온 것이랍니다. 플루오린을 '불소'라고도 하는데, 이는 플루오린의 앞 글자를 한자식으로 발음한 거예요.

### 우리 생활 속 플루오린

플루오린은 주로 치약, 주방 용기의 코팅제, 고어텍스 섬유, 제초제, 살균제 등에 쓰이고 있어요. 예전에는 염소와 섞어 '프레온'이라는 물질을 만들어 에어컨이나 냉장고의 냉매로 널리 사용했지만, 요즘에는 환경 오염 문제로 거의 사용하지 않고 있어요.

| 원자 번호 9 F 플루오린 Fluorine | 특징 | 반응성과 독성이 높음 / 전기 음성도가 가장 높음 | | |
|---|---|---|---|---|
| | 사용 분야 | 치약, 주방 식기, 고어텍스, 살충제, 반도체, 유리 가공 등 | | |
| | 발견자 | 앙리 무아상(프랑스) | | |
| | 발견 연도 | 1886년 | 주기율표 족 | 17족 |
| | 상온에서 상태 | 기체 | | |

## 10 밤거리를 수놓는 원소, 네온

도시의 밤거리를 알록달록 밝히는 전광판을 본 적이 있나요? 그중에서도 구부린 유리관 모양으로 되어 형광 빛을 띠는 등을 본 적이 있을 거예요. 바로 네온사인이지요. '네온(Neon)'을 활용한 '간판(sign)'이라는 뜻인데, 네온이 뭐길래 이런 이름이 붙었을까요?

네온사인

네온의 기호는 Ne이고, 원자 번호는 10번이에요. '네온(Neon)'이라는 원소 이름은 '새롭다'라는 뜻을 가진 그리스어 '네오스(neos)'에서 유래했어요.

네온은 지구의 대기를 이루는 원소 중 하나이며, 우주에서는 수소, 헬륨, 산소, 탄소 다음으로 많은 원소랍니다. 네온은 기체 상태에서 전기를 흘려보내면 붉은빛을 내는 성질이 있어요. 반짝반짝 빛나는 성질을 활용하여 간판이나 장식품을 만든 것이 바로 네온사인이에요.

그런데 네온사인을 보면 붉은빛 말고도 다른 빛을 내는 경우가 있어요. 헬륨(노란색), 아르곤(푸른색), 수은(청록색) 등의 다른 원소들을 활용한 덕분이에요. 이처럼 다른 원소를 사용해도 빛을 낼 수 있지만, 최초로 만들었던 등에 사용한 원소가 네온이었기 때문에 통틀어서 네온사인이라고 부르게 되었답니다.

### 우리 생활 속 네온

네온은 전광판, 장식품으로 많이 사용하는 네온사인에 사용해요. 또한 발표할 때 사용하는 레이저 포인터, 피부과에서 사용하는 붉은색 레이저에도 네온을 활용해요.

| 원자 번호 10 Ne 네온 Neon | 특징 | 높은 전압으로 방전하면 붉은빛을 냄 / 반응성이 낮아 안정성이 높음 | | |
|---|---|---|---|---|
| | 사용 분야 | 네온사인, 레이저 포인터, 의료용 레이저, 광디스크 등 | | |
| | 발견자 | 윌리엄 램지(영국), 모리스 윌리엄 트래버스(영국) | | |
| | 발견 연도 | 1898년 | 주기율표 족 | 18족 |
| | 상온에서 상태 | 기체 | | |

## 11 소금을 구성하는 원소, 소듐

소금은 음식을 만드는 데 많이 쓰여요. 주로 찌개나 국을 만들 때 간을 맞추기 위해 조미료로 넣지요. 이런 소금을 구성하는 원소가 금속이라면 믿을 수 있나요? 소금은 '염화나트륨(NaCl)'이라고 하는데, 금속 원소인 '소듐'과 '염소'로 이루어진 화합물이에요.

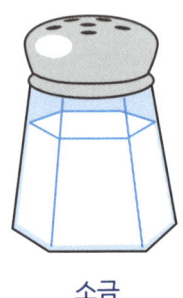

소금

소듐의 기호는 Na이고 원자 번호는 11번이에요. '소듐(Sodium)'이라는 원소 이름은 '두통'을 뜻하는 아랍어 '수다(suda)'에서 유래했어요. 옛날에 '소다눔(sodanum)'이라고 불리던 소듐 화합물이 두통 치료제로 사용되었기 때문이에요.

그런데 소듐을 예전에는 '나트륨'이라고 불렀어요. 이름이 두 개라니 특이하죠? 나트륨은 독일어식 표현이고, 소듐은 영어식 표현이에요. 두 이름을 같이 쓰면 혼동이 올 수 있어서 1998년 대한화학회에서는 소듐으로 사용하기로 결정했어요. 다만, 기호인 Na는 나트륨에서 유래되었지만, 소듐으로 이름이 바뀌었어도 그대로 사용하기로 했지요.

소듐은 물과 만나면 반응하여 폭발을 일으켜요. 리튬보다 폭발이 더 강력하다고 하니 조심해야 해요. 마찬가지로 소듐도 물이나 공기와 만나지 않도록 기름에 넣어서 보관해요.

### 우리 생활 속 소듐

소듐은 뇌로 신경을 전달하며, 몸속 세포들을 건강하게 해 줘요. 소금 등 각종 조미료로 사용되거나 비누를 만들 때도 쓰여요. 리튬과 닮아서 리튬 전지를 대신할 미래의 전지로도 연구가 활발히 진행되고 있지요.

| 원자 번호 11 **Na** 소듐 Sodium | 특징 | 물을 만나면 강하게 폭발함 | | |
|---|---|---|---|---|
| | 사용 분야 | 소금 등 각종 조미료, 비누, 미래 전지 등 | | |
| | 발견자 | 험프리 데이비(영국) | | |
| | 발견 연도 | 1807년 | 주기율표 족 | 1족 |
| | 상온에서 상태 | 고체 | | |

# 12 식물의 성장에 필요한 원소, 마그네슘

식물과 사람에게 마그네슘은 꼭 필요한 금속 원소예요. 마그네슘은 식물이 광합성을 잘하도록 도와주는 역할을 해요. 광합성이란 식물이 햇빛을 받아서 성장에 필요한 에너지를 만드는 일이에요.

녹색 잎

또한 마그네슘은 사람이 에너지를 생성하는 데도 도움을 줘요. 눈 밑이 파르르 떨리는 일을 경험한 적이 있나요? 바로 마그네슘이 부족하기 때문이에요. 이때는 마그네슘 영양제를 먹어야 하죠.

마그네슘의 원소 기호는 Mg이고, 원자 번호는 12번이에요. '마그네슘(Magnesium)'이라는 이름은 그리스의 '마그네시아(Magnesia)' 지역 이름에서 유래했어요. 마그네시아 지역에 있는 광물에서 마그네슘을 발견했기 때문이죠.

마그네슘은 매우 무른 금속이라서 가위로도 쉽게 자를 수 있어요. 가격도 싸고 땅에 매우 많이 묻혀 있어서 아주 오래전부터 가벼운 금속이 필요한 곳에 많이 사용되었어요.

### 우리 생활 속 마그네슘

마그네슘은 식물의 광합성에 매우 중요한 역할을 해요. 마그네슘이 부족하면 식물의 잎은 노랗게 변해서 말라 죽을 수 있어요. 우리 몸에도 영양소로 마그네슘이 꼭 필요해요. 두부를 만들 때도 쓰여요. 두부를 굳히는 간수의 주성분이 마그네슘이거든요. 야구 선수나 체조 선수들이 미끄럽지 않도록 손에 묻히는 흰색 가루도 바로 탄산 마그네슘이에요. 마그네슘은 불에 타면 빛을 내는 성질이 있기 때문에, 이 성질을 이용해서 섬광탄, 폭죽, 부싯돌 등 빛과 불꽃이 필요한 곳에도 쓰여요.

| 원자 번호 12 **Mg** 마그네슘 Magnesium | | |
|---|---|---|
| 특징 | 불에 탈 때 밝은 빛을 냄 / 가위로도 쉽게 잘림 | |
| 사용 분야 | 영양제, 두부 간수, 섬광탄, 폭죽, 부싯돌 등 | |
| 발견자 | 조지프 블랙(영국) | |
| 발견 연도 | 1755년 | 주기율표 족 | 2족 |
| 상온에서 상태 | 고체 | |

## 13 금보다 비쌌던 원소, 알루미늄

과거에 금보다 비쌌던 금속이 있어요. 바로 알루미늄이지요. 알루미늄은 프랑스의 나폴레옹 시대에는 귀금속이었어요. 나폴레옹 3세가 알루미늄으로 만든 왕관을 쓰고 다닐 정도였지요. 또한 귀한 손님이 집에 찾아오면 알루미늄으로 만든 식기와 수저로 대접했어요.

그러다 기술이 발전하여 알루미늄을 얻는 방법이 쉬워지면서 가격이 낮아졌어요. 그 덕분에 지금은 일상생활에서 알루미늄으로 만든 물건들을 흔하게 볼 수 있지요.

알루미늄의 기호는 Al이고, 원자 번호는 13번이에요. '알루미늄(Aluminium)'이라는 이름은 '백반'이라는 뜻의 라틴어 '알루멘(Alumen)'에서 따왔어요. 백반 속에 알루미늄 원소가 들어 있기 때문이죠.

양은냄비

알루미늄은 매우 가볍고 무른 은백색의 금속이고, 은과 생김새가 매우 비슷해요. 알루미늄이 처음 우리나라에 들어왔을 때는 은과 구분하기가 어려웠다고 해요. 알루미늄으로 만든 물건 중에 '은박지', '양은냄비'는 은과 헷갈려서 만들어진 이름이에요.

알루미늄은 제조 과정에서 전기를 많이 사용해야 한다는 단점이 있어요. 그래서 오늘날 사람들은 알루미늄을 재활용해서 쓰려고 노력하고 있어요.

### 우리 생활 속 알루미늄

알루미늄은 가볍고 얇게 펼 수 있어서 제품으로 만들기 쉬워요. 특히 음료수 캔을 만드는 데 많이 사용하지요. 주방에서 사용하는 포일과 주방 기구, 비행기나 자동차 부품, 각종 전자 기기, 10원짜리 동전 등에도 사용돼요. 이 밖에도 불꽃놀이에서 밝은 빛을 내거나 거울을 만드는 데도 사용된답니다.

비행기

| 원자 번호 13 **Al** 알루미늄 Aluminium | 특징 | 가볍고 얇게 펼 수 있음 / 은과 비슷한 무른 금속 | | |
|---|---|---|---|---|
| | 사용 분야 | 음료수 캔, 포일, 냄비, 비행기나 자동차 부품, 동전, 전자 기기 등 | | |
| | 발견자 | 한스 크리스티안 외르스테드(덴마크) | | |
| | 발견 연도 | 1825년 | 주기율표 족 | 13족 |
| | 상온에서 상태 | 고체 | | |

## 14 반도체에 꼭 필요한 원소, 규소

반도체는 온도에 따라 전기가 통하는 정도가 다른 물질이에요. 높은 온도에서는 전기가 잘 통하고, 낮은 온도에서는 잘 통하지 않는 성질이 있어요.

모래

반도체는 생활 속 많은 곳에서 사용하고 있어요. 따뜻한 물로 몸을 씻는 데 필요한 보일러, 아침밥을 짓는 전기밥솥, 등교할 때 타는 버스, 인터넷을 검색하거나 친구와 통화할 수 있는 스마트폰, 드라마나 영화를 보는 텔레비전 등 모든 곳에 반도체가 들어가 있어요. 이런 반도체를 만드는 중요한 원소 중 하나가 '규소'랍니다.

규소의 기호는 Si이고, 원자 번호는 14번이에요. '규소'는 영어로 '실리콘(Silicon)'인데, '부싯돌'을 뜻하는 라틴어 '실렉스(silex)'에 '비금속'을 뜻하는 영어 '온(-on)'을 합친 거예요.

규소는 회색빛을 띠며 광택을 가지고 있어요. 모래에서 얻을 수 있어서 많이 만들어 낼 수 있고 떨어질 걱정을 하지 않아도 돼요.

### 우리 생활 속 규소

규소는 유리, 고무 등 수많은 물건의 재료로 쓰여요. 정보화 시대의 핵심 역할을 하는 반도체, 트랜지스터(전류를 키우거나 스위치 역할을 하는 장치), 다이오드(전류를 한쪽으로만 흐르게 하는 장치)에도 사용돼요. 또한 규소 화합물을 태워 에너지를 만드는 연구가 진행 중이에요. 석유, 석탄 같은 화석 연료에 비해 환경 오염을 일으키지 않아서 지구를 위한 미래 에너지로 주목 받고 있어요. 태양 빛을 에너지로 만드는 태양 전지의 재료로도 쓰인답니다.

| 원자 번호 14 Si 규소 Silicon | 특징 | 반도체의 핵심 재료 / 모래에서 얻어짐 | | |
|---|---|---|---|---|
| | 사용 분야 | 반도체, 트랜지스터, 다이오드, 유리, 고무, 태양 전지 등 | | |
| | 발견자 | 옌스 야코브 베르셀리우스(스웨덴) | | |
| | 발견 연도 | 1824년 | 주기율표 족 | 14족 |
| | 상온에서 상태 | 고체 | | |

## 15 DNA를 구성하는 원소, 인

DNA에는 우리의 머리가 곱슬머리인지 생머리인지, 눈이 큰지 작은지, 눈동자가 갈색인지 검은색인지, 생물체의 모든 특징을 결정하는 유전 정보가 담겨 있어요.

DNA가 인 화합물로 구성되어 있다는 사실을 아나요? '인'은 근육과 생체 반응을 위한 에너지로도 쓰여요. 그리고 세포의 모양을 유지해 주는 세포막에도 들어 있어서 생명 유지에 꼭 필요하지요.

뼈

인의 기호는 P이고, 원자 번호는 15번이에요. 인은 한자로 쓸 때 도깨비불 '인(燐)'을 써요. 뼛속의 인이 빠져나와 공기 중에서 타는 것을 보고 도깨비불이라고 생각했기 때문이에요.

인은 영어로 '포스포러스(Phosphorus)'인데, '빛을 가져오는 자'라는 뜻의 그리스어 '포스포로스(phosphoros)'에서 가져온 이름이라고 해요. 연금술사 헤닝 브란트가 소변으로 실험을 하던 중 빛을 내는 신비한 물질인 인을 발견한 뒤, 인이 빛을 가져온다고 생각했답니다.

많은 과학자들이 몰두했던 연금술은 값싼 물질을 값비싼 금으로 바꾸는 기술이에요. 사람들은 다양한 방법으로 금을 만들기 위해 노력했고, 그 과정에서 많은 원소들이 발견되었어요. 인도 그중 하나예요.

### 우리 생활 속 인

인은 백린, 적린, 흑린 등 여러 가지 동소체가 있어요. 동소체는 한 종류의 원소로 구성되었지만 배열 상태가 다른 물질이에요. 백린은 공기 중에서도 자연적으로 불타며 독성이 매우 높아서 몸에 닿기만 해도 죽을 수 있어요. 그래서 '백린탄'이라는 무기도 있어요. 백린을 담아 하늘에 쏘아 올리고 폭발시켜 사방으로 흩뿌리는 무기예요. 살을 태우는 무시무시한 무기여서 국제적으로 금지하고 있지요. 적린은 성냥을 만들 때 쓰이고, 흑린은 반도체 제조에 활용되고 있어요.

| 원자 번호 15 P 인 Phosphorus | 특징 | DNA와 세포막을 구성함 / 다양한 동소체가 있음 | | |
|---|---|---|---|---|
| | 사용 분야 | 폭탄, 성냥, 비료 등 | | |
| | 발견자 | 헤닝 브란트(독일) | | |
| | 발견 연도 | 1669년 | 주기율표 족 | 15족 |
| | 상온에서 상태 | 고체 | | |

## 16 손톱이나 머리카락을 구성하는 원소, 황

황은 우리 몸을 구성하고 피부나 머리카락, 손톱, 발톱의 성분인 '케라틴(Keratin)'을 만들어요. 케라틴은 다른 말로 '각질'이라고도 해요.

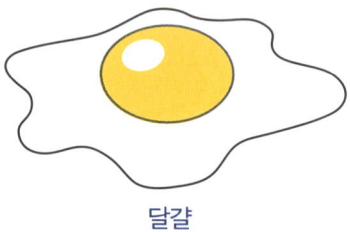
달걀

황은 모든 생명체가 살아가는 데 필수적인 원소예요. 우리 몸을 정상적으로 작동하게 해 주는 역할을 하지요. 황이 많이 들어 있는 음식은 달걀을 비롯해 생선류, 고기류예요.

황의 기호는 S이고, 원자 번호는 16번이에요. 영어로는 '설퍼(Sulfur)'인데, '불의 근원'이라는 멋진 뜻이 담겨 있어요. 황은 상온에서는 황색의 비금속 고체예요. 푸른색 불꽃을 내면서 타고, 매우 강하고 지독한 냄새가 나는 이산화황을 방출해요.

황은 정확히 언제 발견되었는지는 알 수 없어요. 옛날에는 화산에서 주로 발견되었어요. 황은 444.6℃의 높은 온도에서 끓는다고 해요. 오늘날에는 석유에서 뽑아내서 사용해요.

하늘에서 내리는 산성비에도 황이 들어 있다는 사실을 알고 있나요?

매연 속에 있는 황산화물과 질소 산화물이 빗물에 섞여 내리지요. 산성비는 땅을 오염시켜 식물의 성장을 방해하거나 대리석 조각품이나 건축물을 상하게 해요.

### 우리 생활 속 황

황은 주로 고무를 만들 때 쓰여요. 자연 속의 고무를 단단하게 해 주지요. 생일 케이크에 불을 붙일 때 쓰는 성냥에도 황이 들어 있어요. 수소와 황의 화합물인 황화 수소는 가스 누출을 감지하는 데 이용되고 있어요. 그 외에 살충제, 살균제, 페인트, 의약품, 농약 등 우리 생활 속 곳곳에 쓰여요.

| 원자 번호 16 S 황 Sulfur | 특징 | 독특한 냄새가 나고, 불타는 성질이 있음 | | |
|---|---|---|---|---|
| | 사용 분야 | 고무 제조, 성냥, 가스 누출 감지, 살충제, 살균제 등 | | |
| | 발견자 | 모름 | | |
| | 발견 연도 | 기원전 | 주기율표 족 | 16족 |
| | 상온에서 상태 | 고체 | | |

# 17 물을 깨끗하게 하는 데 필요한 원소, 염소

수영장

　수영장에 가 본 경험이 있나요? 물에서 독특한 냄새가 나지 않았나요? 수영장이나 목욕탕에 가면 가끔 독특한 냄새가 날 때가 있어요. 그 냄새의 정체는 바로 염소예요.

　염소는 살균 기능과 소독 기능을 하기 때문에 수돗물과 수영장 물을 소독할 때 흔히 쓰이지요. 물을 깨끗하게 소독해 주어 콜레라, 장티푸스 등 전염성 질병으로부터 사람들의 목숨을 구해 주고 있어요.

　염소의 기호는 Cl이고 원자 번호는 17번이에요. 염소는 영어로 '클로린(Chlorine)'이라고 하는데, 이는 '황록색'을 뜻하는 그리스어 '클로로스(Chloros)'에서 따온 이름이에요. 염소의 색이 황록색이기 때문에 이런 이름이 붙었다고 해요.

　염소는 독성이 강해 많이 사용하면 생명에 치명적일 수 있어요. 실제로 제1차 세계 대전 당시 독가스 무기로 쓰여 많은 사람이 중독되어 죽었던 슬픈 역사가 있어요. 적절히 사용하면 생명을 구하는 염소가 잘못 사용하면 생명을 빼앗아 갈 수 있다는 점이 놀랍죠?

### 우리 생활 속 염소

염소는 수돗물을 소독하는 데 가장 많이 쓰여요. 그리고 염소와 소듐의 화합물은 염화나트륨, 즉 소금이에요. 음식을 요리할 때 조미료로 사용하지요. 옷을 희게 만드는 염소 표백제와 드라이클리닝 세제, 폴리염화비닐에도 염소가 쓰인답니다.

| 원자 번호 17 **Cl** 염소 Chlorine | 특징 | 독성이 강하고, 살균과 소독 효과가 있음 | | |
|---|---|---|---|---|
| | 사용 분야 | 소금, 수돗물 소독제, 표백제, 제습제, 폴리염화비닐(PVC) 등 | | |
| | 발견자 | 칼 빌헬름 셸레(스웨덴) | | |
| | 발견 연도 | 1774년 | 주기율표 족 | 17족 |
| | 상온에서 상태 | 기체 | | |

## 18 전구 속 가득한 원소, 아르곤

미국의 발명가 토머스 에디슨의 가장 유명한 발명품은 전구예요. 전구를 발명하기 전까지 인류는 촛불이나 호롱불을 사용했지요. 전구 속에는 전기가 흐르면 빛을 내는 필라멘트가 있는데, 필라멘트의 수명이 더 길어지도록 전구 속에 채우는 원소가 바로 아르곤이에요.

전구

아르곤의 기호는 Ar이고, 원자 번호는 18번이에요. '아르곤(Argon)'이라는 이름은 '게으르다'는 뜻을 가진 그리스어 '아르고스(argos)'에서 유래했어요. 다른 물질과 반응하지 않는 특성을 마치 게으름뱅이 같다고 생각한 것이지요. 이처럼 다른 물질과 반응하지 않아 폭발의 위험성이 없기 때문에 아르곤을 전구 안에 넣게 되었어요.

아르곤은 색과 냄새도 없고, 맛도 없어요. 그리고 전기를 흘려보내면 푸른색 형광 빛을 내뿜어요. 영국의 과학자 레일리와 램지는 공기 중의 질소가 질소 화합물에서 분리한 질소보다 약간 더 무겁다는 사실에 궁

금증을 품고 연구를 거듭한 끝에 아르곤을 발견했다고 해요.

## 우리 생활 속 아르곤

아르곤은 다른 물질들과 반응하지 않아 안정성이 높기 때문에 각종 전구, 초소형 회로, 고온 플라스마 램프의 안정제로 사용돼요. 또한 수은과 함께 형광등에 들어가 빛을 내는 역할을 하지요. 반도체를 만드는 작업, 금속 용접에서도 아르곤을 넣어 반도체, 용접 부분을 보호해요. 청록색의 빛을 내뿜는 아르곤 레이저는 의료 목적으로 사용하는데, 주로 피부 치료를 위한 레이저 시술이나 망막 수술에 쓰인답니다.

| 원자 번호 18 **Ar** 아르곤 Argon | | | | |
|---|---|---|---|---|
| | 특징 | 높은 전압으로 방전하면 푸른빛을 냄 / 반응성이 낮아 안정성이 높음 | | |
| | 사용 분야 | 전구, 형광등, 충전제, 의료용 레이저, 소화기, 미사일 냉각 가스 등 | | |
| | 발견자 | 윌리엄 램지(영국), 로드 레일리(영국) | | |
| | 발견 연도 | 1894년 | 주기율표 족 | 18족 |
| | 상온에서 상태 | 기체 | | |

## 19 시금치 속에 들어 있는 원소, 포타슘

우리 주변에는 시금치, 바나나, 토마토, 브로콜리, 우유 등 포타슘이 들어 있는 음식이 많아요. 포타슘은 우리 몸에서 혈압을 조절하여 심장, 혈관을 건강하게 하고, 노폐물을 제거하는 데 도움을 주며, 뇌의 기능을 활발하게 해요.

포타슘이 풍부한 식품

만약 포타슘이 부족하면 어떻게 될까요? 근육이 떨리거나 어지러운 증상을 겪기도 하고, 이유 없이 피곤한 증상을 겪을 수 있어요. 또한 혈압이 높아져서 쓰러질 수도 있어요.

포타슘의 기호는 K이고 원자 번호는 19번이에요. '포타슘(Potassium)'은 원료인 '초목재(potash)'에서 이름을 가져왔어요. '항아리'를 뜻하는 '포트(pot)'와 '재'를 뜻하는 '애시(ash)'를 합쳐서 '항아리 속의 재'라는 뜻이지요.

그런데 포타슘도 소듐처럼 이름이 두 개예요. '칼륨'이라는 이름이 또 있었는데, 마찬가지로 뒤죽박죽 쓰이는 것을 피하려고 대한화학회에서 포타슘으로 정했다고 해요.

포타슘은 물과 만나면 폭발하는데, 특히 손 위에 올려놓기만 해도 불이 붙고 폭발하기 때문에 더 조심해야 해요. 그래서 포타슘도 기름 속에 보관해요.

### 우리 생활 속 포타슘

포타슘은 우리 몸에서 소듐과 함께 세포를 건강하게 해 주며, 신경이나 근육이 원활하게 기능하도록 도와줘요. 하지만 너무 많이 먹으면 심장 마비를 일으킬 수 있어요. 뭐든지 적당히 먹는 것이 좋겠죠! 또한 포타슘은 질소, 인과 함께 비료로도 사용되고, 비누나 유리, 화약 등의 재료로도 사용돼요.

| 원자 번호 19 K 포타슘 Potassium | 특징 | 물을 만나면 폭발함 | | |
|---|---|---|---|---|
| | 사용 분야 | 비료, 비누, 유리, 화약 등 | | |
| | 발견자 | 험프리 데이비(영국) | | |
| | 발견 연도 | 1807년 | 주기율표 족 | 1족 |
| | 상온에서 상태 | 고체 | | |

## 20 뼈를 튼튼하게 해 주는 원소, 칼슘

"우유를 마시면 정말 키가 커져요?"

이렇게 궁금해하는 친구들이 많을 거예요. 우리가 마시는 우유 속에는 칼슘이라는 원소가 들어 있어요. 칼슘은 우리 몸속의 뼈와 치아를 구성해요. 뼈가 자라고 튼튼해지기 위해서는 칼슘이 필요해요. 따라서 키가 크고 싶은 친구가 있다면 칼슘이 많이 들어간 우유, 두부, 시금치 등을 먹으면 좋아요.

칼슘의 기호는 Ca이고, 원자 번호는 20번이에요. '칼슘(Calcium)'이라는 이름은 '석회'를 뜻하는 라틴어 '칼렉스(Calx)'에서 가져왔어요. 석회석에서 칼슘이 많이 발견되었기 때문이죠.

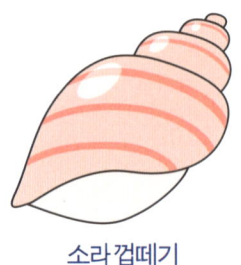

소라 껍데기

석회석은 조개나 소라, 산호, 미생물 등 바다 생물의 뼈나 껍질이 겹겹이 쌓이고 굳어져서 만들어진 암석이에요. 생물의 뼈나 껍질에 칼슘이 많이 들어 있었기 때문에 석회석에도 칼슘이 많이 포함되어 있어요.

### 우리 생활 속 칼슘

칼슘은 주로 다른 원소들과 섞어서 써요. 염소와 섞인 염화 칼슘은 눈이 많이 오는 날 제설제로 사용되고, 탄소와 섞인 탄산 칼슘은 시멘트와 대리석의 원료로 사용돼요. 조개껍데기나 달걀껍데기에도 탄산 칼슘이 들어 있어요. 조개 속의 진주도 탄산 칼슘이 단백질과 섞여서 만들어진 보석이에요.

또한 인과 섞인 인산 칼슘에는 우리 몸이 거부 반응을 일으키지 않아요. 그래서 인공 치아나 인공 뼈의 재료로 사용되고 있답니다. 이처럼 우리 생활 속에는 다양한 칼슘 화합물이 이용되고 있어요.

| 원자 번호 20 Ca 칼슘 Calcium | 특징 | 은백색의 금속 / 화합물로 많이 사용됨 | | |
|---|---|---|---|---|
| | 사용 분야 | 대리석, 시멘트, 제설제 등 | | |
| | 발견자 | 험프리 데이비(영국) | | |
| | 발견 연도 | 1808년 | 주기율표 족 | 2족 |
| | 상온에서 상태 | 고체 | | |

## 21 야구장의 밝은 조명을 만드는 원소, 스칸듐

야구 경기장에 가면 어두운 밤에도 경기장을 밝혀 주는 조명탑이 우뚝 솟아 있어요. 밝은 조명 덕분에 밤에도 선수들이 경기를 할 수 있지요. 야구장과 같은 야외 경기장의 야간 조명에 많이 사용하는 원소가 바로 스칸듐이에요.

야구 경기장

스칸듐의 기호는 Sc이고, 원자 번호는 21번이에요. '스칸듐(Scandium)'이라는 원소 이름은 라틴어로 '스칸디나비아반도'를 뜻하는 '스칸디아(Scandia)'에서 유래했어요. 스칸디나비아반도는 북유럽에 있고 스웨덴, 노르웨이, 덴마크 등의 나라가 있는 곳이에요. 스웨덴 출신의 과학자 닐손이 스칸디나비아 지역에서 스칸듐을 처음 발견했기 때문에 스칸디나비아의 라틴어명인 '스칸디아'에서 원소 이름을 가져왔어요.

스칸듐은 원소 번호대로 나열했을 때, 첫 번째에 있는 희토류 원소예요. 희토류 원소는 지구에서 매우 희귀하게 존재하는 원소들을 말해요.

스칸듐, 이트륨(원자 번호 39), 란타넘족 원소를 포함한 총 열일곱 개의 원소가 희토류 원소이지요. 스칸듐이 포함된 희토류 원소는 열과 전기가 잘 통하는 성질을 갖고 있어요.

### 우리 생활 속 스칸듐

스칸듐은 강한 빛을 내야 하는 스포츠 경기장의 야간 조명에 많이 사용해요. 또한 태양 빛과 비슷한 색의 빛을 낼 수 있어서 방송 촬영 조명, 식물 재배 조명에도 사용하지요. 알루미늄에 스칸듐을 더하면 알루미늄이 더 강해지고 탄력이 생기며, 가벼워져요. 그래서 스칸듐과 알루미늄을 섞은 합금은 비행기 기체, 스포츠 장비, 경주용 자전거 등 고성능 첨단 소재 금속의 재료로 쓰여요.

자전거

| 원자 번호 21 Sc 스칸듐 Scandium | 특징 | 희토류에 속함 / 은백색의 무른 금속 | | |
| --- | --- | --- | --- | --- |
| | 사용 분야 | 경기장 야간 조명, 알루미늄 합금, 세라믹 등 | | |
| | 발견자 | 라르스 프레드리크 닐손(스웨덴) | | |
| | 발견 연도 | 1879년 | 주기율표 족 | 3족 |
| | 상온에서 상태 | 고체 | | |

## 22 강력한 고급 장비를 만드는 원소, 타이타늄

영화나 소설에서 매우 강한 고급 장비를 말할 때, 흔히 말하는 소재가 '타이타늄'이에요. 타이타늄으로 만든 갑옷, 타이타늄으로 만든 로봇에 대해 들어 본 적 있지요?

전투기

타이타늄의 기호는 Ti이고, 원자 번호는 22번이에요. '타이타늄(Titanium)'은 '티타늄'이라고 부르기도 하는데, 그리스 신화에 등장하는 거인족의 신인 '타이탄(Titan)'의 이름에서 따왔어요. 타이타늄은 지구에서 흔히 볼 수 있는 원소예요. 금속 중에서는 네 번째로 많이 존재하지요. 타이타늄은 거의 완벽에 가까운 원소라고 할 수 있어요. 강도는 강철만큼 강하면서 무게는 강철의 절반밖에 되지 않거든요.

또한 타이타늄은 생체 친화성이 굉장히 높은 원소예요. 우리 몸은 몸 속에 나쁜 물질이 들어오면 위험하다고 생각해 밖으로 밀어내거나 염증 반응을 일으켜요. 그런데 우리 몸 안으로 들어와도 큰 문제가 없는 물질들이 있어요. 이런 물질들을 가리켜 생체 친화성이 높다고 해요.

타이타늄은 녹슬지 않는 특징도 있어요. 그런데 이것은 단점이 되기도 해요. 타이타늄의 강한 내구성(변형되지 않고 오래 견디는 성질) 때문에 광물에서 추출해 제련하거나 가공하기 어렵기 때문이지요. 그래서 매장량이 풍부함에도 가격이 매우 비싸답니다.

### 우리 생활 속 타이타늄

타이타늄은 항공 우주 분야 외에도 가볍고 강한 금속이 필요한 모든 분야에 쓰여요. 운동 용품, 안경테, 경주용 자전거뿐만 아니라 튼튼한 소형 금속 부품이 필요한 음향 기기나 식기에도 사용하지요. 휘거나 꼬여도 원래 모양으로 복구되는 금속인 '형상 기억 합금'에도 쓰인답니다. 타이타늄은 강철과 함께 오늘날 금속 산업에서 다양하게 활용하는 원소예요. 생체 친화성이 우수해 치아 임플란트, 골절 치료 등 몸 안에 금속 지지대가 필요한 곳에도 사용해요.

| 원자 번호 22 **Ti** 타이타늄 Titanium | 특징 | 단단하고, 가볍고, 생체 친화적임 / 녹슬지 않음 | | |
|---|---|---|---|---|
| | 사용 분야 | 항공기, 자동차, 임플란트, 운동기구, 인공 뼈, 자외선 차단제 등 | | |
| | 발견자 | 윌리엄 그레고르(영국) | | |
| | 발견 연도 | 1791년 | 주기율표 족 | 4족 |
| | 상온에서 상태 | 고체 | | |

## 23 강철을 단단하게 해 주는 원소, 바나듐

물건을 두드려 깨거나 벽에 못을 박는 망치, 볼트와 너트를 조이는 스패너, 벽을 뚫는 드릴과 같은 공구는 매우 단단해야 해요. 그래서 공구는 일반 강철보다 더 단단한 물질로 만들어야 하지요. 강철에 섞어서 강철을 훨씬 더 강하게 만들어 주는 원소가 있어요. 바로 '바나듐'이에요.

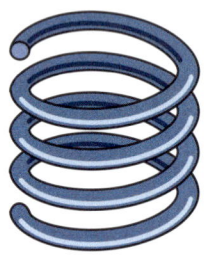
스프링

바나듐의 기호는 V이고, 원자 번호는 23번이에요. '바나듐(Vanadium)'이라는 원소 이름은 스칸디나비아 신화에 등장하는 아름다움의 여신 '바나디스(Vanadis)'에서 유래했어요. 바나듐을 다른 원소와 섞어 화합물을 만들면 아름다운 색깔을 띠는데, 이런 현상 때문에 여신 바나디스에서 이름을 따왔지요.

자연에서 바나듐은 다양한 광물과 화석 연료가 매장된 지역에서 많이 존재해요. 일부 생명체에서도 바나듐이 발견되고 있어요. 독버섯이나 멍게류, 가재, 가리비 등이 아름다운 빛깔을 가질 수 있는 이유는 바나듐 화합물 덕분이랍니다.

### 우리 생활 속 바나듐

바나듐은 각종 공구, 스프링, 자동차, 자전거, 수술용 칼, 절삭기 등 단단한 강철이 필요한 곳에 쓰여요. 이뿐만 아니라 강철을 열에 잘 견딜 수 있게 만들어 주기 때문에 엔진을 만드는 재료에도 쓰이지요. 또 높은 안정성과 긴 수명을 갖고 있어 리튬처럼 배터리를 만드는 데도 사용하고 있어요. 최근에는 바나듐 화합물이 혈당을 낮춰 준다는 연구 결과를 바탕으로 당뇨병 치료제로도 개발을 진행하고 있어요.

| 원자 번호 23 V 바나듐 Vanadium | 특징 | 강철에 첨가하면 강도와 내열성이 높아짐 / 화합물 상태에서 다양한 색을 띔 | | |
|---|---|---|---|---|
| | 사용 분야 | 공구, 스프링, 자동차, 자전거, 항공기, 엔진, 배터리 등 | | |
| | 발견자 | 안드레스 델리오(스페인) | | |
| | 발견 연도 | 1801년 | 주기율표 족 | 5족 |
| | 상온에서 상태 | 고체 | | |

## 24 철을 녹슬지 않게 만드는 원소, 크로뮴

예전부터 인류는 철을 이용하여 수많은 도구를 만들었어요. 하지만 철은 쉽게 녹이 슨다는 특징을 갖고 있어요. 녹이 슬면 철의 강도가 약해지고 위생적으로도 좋지 않아요. 그래서 과학자들은 녹이 슬지 않는 철을 만들기 위해 많은 노력을 했지요.

**스테인리스강으로 만든 식기**

이러한 노력 끝에 '스테인리스강'이라고 불리는 합금을 만들었어요. 어떻게 만들었냐고요? 바로 '크로뮴' 원소를 활용했답니다.

주기율표 6족에 속하는 금속인 크로뮴의 기호는 Cr이고, 원자 번호는 24번이에요. '크로뮴(Chromium)'은 독일식 표기로 '크롬'이라고 하는데, '색깔'을 의미하는 그리스어 '크로마(Chroma)'에서 이름을 따서 지었어요. 크로뮴 화합물이 붉은색, 보라색, 초록색 등 다양한 색깔을 띠기 때문에 이런 이름을 붙였지요. 크로뮴은 금속 재료를 녹슬지 않게 하거나 번쩍번쩍 빛나는 금속 광택을 내기 위해 주로 사용해요.

## 우리 생활 속 크로뮴

크로뮴을 활용한 스테인리스강은 녹이 슬면 안 되는 싱크대, 요리 기구, 수술 도구, 자동차, 산업용 재료, 건설용 재료에 쓰여요. 순수한 크로뮴은 비교적 단단하고 부식에 강해서 금속 도금에 많이 사용해요. 이뿐만 아니라 알록달록한 크로뮴 화합물은 미술용 물감, 염색 재료로 사용하지요. 또한 보석의 한 종류인 인공 루비를 만드는 데도 크로뮴을 사용한답니다.

| 원자 번호 24 Cr 크로뮴 Chromium | | | | |
|---|---|---|---|---|
| | 특징 | 강도가 높고, 쉽게 녹슬지 않음 / 화합물의 색이 다양함 | | |
| | 사용 분야 | 스테인리스강 합금, 물감, 염색 재료, 금속 도금, 인공 루비 등 | | |
| | 발견자 | 니콜라 루이 보클랭(프랑스) | | |
| | 발견 연도 | 1797년 | 주기율표 족 | 6족 |
| | 상온에서 상태 | 고체 | | |

## 25 벽화를 그리는 데 사용한 원소, 망가니즈

여러분은 석기 시대의 동굴 벽화 작품을 본 적이 있나요? 석기 시대 사람들은 동굴 벽화를 그리는 데 '망가니즈'를 사용했어요. 망가니즈가 다른 원소와 섞인 상태에서 다양한 색을 내는 성질을 활용한 것이지요. 고대 이집트와 로마에서는 망가니즈 화합물을 사용하여 유리에 색을 입히기도 했답니다.

망가니즈의 기호는 Mn이고, 원자 번호는 25번이에요. '망가니즈(Manganese)'라는 원소 이름은 고대 그리스의 도시 '마그네시아(magnesia)'에서 유래했다는 것이 가장 유력해요. 얼마 전까지 '망간'으로 불리던 망가니즈는 IUPAC(국제 순수 응용화학 연맹) 명명법에 따라 최근에 망가니즈로 이름이 정해졌어요.

지구에 열두 번째로 많은 원소인 망가니즈는 고갈될 일이 거의 없는 원소예요. 광산에서 광물을 채굴해 얻는 다른 금속 원소와 달리, 망가니즈는 바닷속에 공 모양으로 무려

동굴 벽화

5,000억 톤이나 매장되어 있기 때문이에요. 1톤은 1,000킬로그램이니 5,000억 톤이라고 하면 정말 어마어마한 양이겠죠?

### 우리 생활 속 망가니즈

생산되는 망가니즈의 대부분은 합금에 이용돼요. 철에 망가니즈를 첨가하면, 더욱 단단하고 기포가 없는 강철을 만들 수 있어요. 알루미늄에 망가니즈를 첨가하면, 알루미늄 캔을 만들 수 있어요. 또한 우리가 자주 사용하는 AAA, AA 크기의 1.5볼트 건전지에도 망가니즈가 쓰여요.

우리 몸에도 망가니즈가 필요해요. 망가니즈는 우리 몸의 에너지를 만들고 뼈를 만드는 데 필요한 영양분이기 때문에 부족하면 근육이 떨리거나 골다공증과 같은 증상이 나타날 수 있답니다.

| 원자 번호 25 Mn 망가니즈 Manganese | 특징 | 화합물이 색을 띔 / 전자기적 특성을 띔 | | |
|---|---|---|---|---|
| | 사용 분야 | 초경량 합금, 건전지, 생체 기능 유지 등 | | |
| | 발견자 | 요한 고틀리에브 간 (스웨덴) | | |
| | 발견 연도 | 1774년 | 주기율표 족 | 7족 |
| | 상온에서 상태 | 고체 | | |

## 26 인류와 역사를 함께한 원소, 철

여러분은 '철기 시대'라는 말을 들어 보았나요? 아주 오래전, 인류는 '돌'을 깎거나 갈아 도구로 사용했어요. 시간이 더 흘러 인류는 돌 속에서 '철'이라는 아주 놀라운 물질을 발견하지요. 철

철로 만든 다리

은 돌과는 비교할 수 없을 정도로 단단하고 오래 쓸 수 있었어요. 역사상 철로 만든 도구를 주로 사용하던 시대를 '철기 시대'라고 부르는데, 이 시대부터 거대한 고대 문명이 생겨났어요. 철을 사용하고 나서부터 제대로 된 무기나 갑옷, 단단한 농기구나 도구를 만들 수 있었기 때문이에요.

철의 원소 기호는 Fe이고, 원자 번호는 26번이에요. 철의 영어 이름은 '아이론(iron)'인데, '철'을 뜻하는 앵글로색슨어 '아이렌(iren)'이나 '강하다'를 뜻하는 그리스어 '이에로스(ieros)'에서 가져와 이름을 지었다고 해요. 철의 원소 기호 'Fe'는 철을 의미하는 라틴어 '페럼(ferrum)'에서 유래했어요.

철은 산소, 규소, 알루미늄에 이어 네 번째로 지구에 많이 존재하는 원소예요. 흔하게 구할 수 있어 값이 싸고, 가공도 쉬워요. 이뿐만 아니라 다른 원소와 섞인 상태, 즉 합금이 되면 아주 단단하고 강한 금속으로 변한다는 특징도 있어요.

## 우리 생활 속 철

철은 생활 필수품과 산업 시설에 널리 쓰인답니다. 단단하고 가공이 쉬우며 가격까지 저렴하다는 장점 덕분이지요. 흔히 보는 철사, 통조림 캔에도 쓰이고, 건물의 구조물, 모니터 등에도 쓰인답니다. 비행기, 배, 기계를 만들 때에도 꼭 필요해요. 또 다른 원소와 섞어 양철, 강철 등 다양한 특성으로 활용할 수 있는 만능 원소랍니다. 이뿐만 아니라 철은 우리 몸에도 꼭 필요한 원소예요. 우리 몸에 있는 피의 중요한 성분 중 하나이며, 산소를 전달하는 역할을 해요.

| 원자 번호 26 **Fe** 철 Iron | 특징 | 합금하여 다양하게 강화할 수 있음 / 가공하기 쉬움 / 전기가 흐름 | | |
|---|---|---|---|---|
| | 사용 분야 | 생활 필수품, 건물 구조물, 자동차, 배, 비행기 등 | | |
| | 발견자 | 모름 | | |
| | 발견 연도 | 기원전 | 주기율표 족 | 8족 |
| | 상온에서 상태 | 고체 | | |

## 27 독일 도깨비의 이름을 딴 원소, 코발트

'코발트'가 함유된 광석은 예전에 광부들 사이에서 '도깨비 광석'이라고 불렸어요. 코발트 광석은 은과 색이 비슷한데, 은을 채굴하는 광산에서 같이 발견되어 사람들의 일을 방해하곤 했어요. 은인 줄 알고 실수로 제련(쇠붙이, 돌 따위를 다듬는 일)을 하

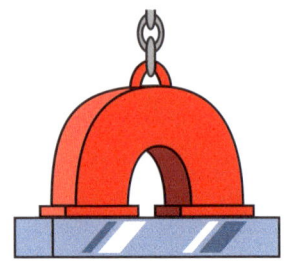

**코발트 자석**

면 독성 물질을 내뿜고 용광로를 상하게 했으니까요. 사람들은 은을 얻기 어렵게 하려는 도깨비의 짓이라고 생각하여 코발트를 '도깨비 광석'이라고 불렀답니다.

코발트의 기호는 Co이고, 원자 번호는 27번이에요. '코발트(Cobalt)'라는 원소 이름은 독일 전설에 등장하는 도깨비 '코볼트(Kobold)'에서 따왔어요.

코발트는 단단한 금속이고, 열에도 강해요. 공기 중 수증기와 만나면 하늘색이나 분홍색으로 변하기도 해요.

## 우리 생활 속 코발트

코발트는 영구 자석을 만드는 곳에 이용돼요. 코발트가 섞인 자석은 일반 자석보다 약 100배 정도 강한 자성을 가져요.

코발트블루라는 색은 푸른 바다의 색을 말하는데, 옛날부터 도자기의 푸른빛을 내는 데 코발트를 많이 사용해 왔다고 해요. 코발트블루는 코발트와 알루미늄이 결합한 화합물인데, 예전부터 물감이나 잉크로 많이 사용했어요. 단단하고 광택이 있는 코발트는 다른 금속과 합금하여 비행기 제트 엔진의 터빈이나 사람 몸에 넣는 인공 관절을 만드는 데 쓰여요.

| 원자 번호 27 **Co** 코발트 Cobalt | 특징 | 은백색의 금속이며, 단단하고 광택이 있음 | | |
|---|---|---|---|---|
| | 사용 분야 | 물감, 잉크, 인공 관절, 제트 엔진의 터빈, 영구 자석 등 | | |
| | 발견자 | 게오르크 브란트(스웨덴) | | |
| | 발견 연도 | 1735년 | 주기율표 족 | 9족 |
| | 상온에서 상태 | 고체 | | |

## 28 충전용 건전지에 쓰이는 원소, 니켈

건전지를 충전해서 사용할 수 있을까요? '니켈'로 만든 건전지는 가능해요. 니켈과 수소, 또는 니켈과 카드뮴을 이용해 전지를 만들 수 있는데, 이렇게 니켈을 이용한 전지는 충전이 가능해서 여러 번 사용이 가능해요. 다 쓰고 난 건전지에서 오염 물질도 나오지 않아 친환경적이지요. 노트북, 휴대 전화, 전기 자동차에도 널리 쓰이고 있어요.

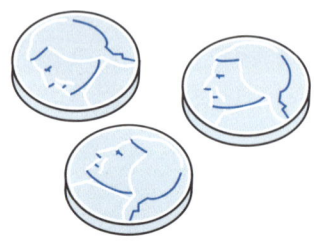

니켈 동전

니켈의 기호는 Ni이고, 원자 번호는 28번이에요. '니켈(Nickel)'이라는 원소 이름은 '악마의 구리'라는 뜻의 독일어 '쿠페르니켈(kupfernickel)'에서 따왔어요. 구리를 채굴하는 광산에서 같이 발견되어 사람들을 방해했기 때문에 '악마의 구리'라는 이름이 붙여졌어요. 원래는 은백색의 광택이 있는 금속이지만 구리처럼 붉은빛을 띠기도 해서 같이 채굴되곤 했어요.

니켈은 단단하며, 공기 중에서 변하지 않고, 강한 자성을 가지고 있어요. 그런데 독 성분이 포함되어 있어서 건강을 위협하는 골칫덩어리이기도 했어요. 니켈에 오래 노출되면 폐가 손상됐거든요. 그러나 오늘날은 기술의 발달로 단점을 극복하고 다양한 곳에서 사용되고 있어요.

### 우리 생활 속 니켈

니켈은 다른 금속들과 합쳐져 다양하게 쓰여요. 미국의 5센트 동전은 구리와 섞인 니켈 합금이어서 '니켈'이라는 이름으로 불리기도 해요. 열을 통하게 하여 토스트기에 쓰이고, 도금하여 식기류나 전기 기타 줄에 사용돼요. 장신구에도 이용이 되는데, 알레르기를 일으키기도 해서 주의가 필요해요.

| 원자 번호 28 Ni 니켈 Nickel | 특징 | 은백색 광택이 남 / 독 성분이 있음 | | |
|---|---|---|---|---|
| | 사용 분야 | 건전지, 금속 도금, 동전, 토스트기, 식기류, 전기 기타 줄 등 | | |
| | 발견자 | 악셀 프레드리크 크론스테트(스웨덴) | | |
| | 발견 연도 | 1751년 | 주기율표 족 | 10족 |
| | 상온에서 상태 | 고체 | | |

## 29 청동기 시대부터 사용된 원소, 구리

'구리'는 사람들이 예전부터 사용해 온 금속이에요. 다른 금속에 비해 따로 제련을 하지 않아도 되어 지금까지 널리 쓰이고 있어요. 청동기 시대를 연 '청동'도 구리와 주석(원자 번호 50)을 섞은 재료라고 해요. 청동 칼, 청동 거울을 비롯한 여러 가지 청동 장신구들이 유물로 남아 전해지고 있지요.

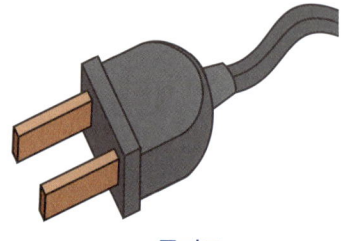
플러그

구리의 기호는 Cu이고, 원자 번호는 29번이에요. 구리는 영어로 '쿠퍼(Copper)'인데, '키프로스산'을 뜻하는 라틴어 '쿠프룸(cuprum)'에서 가져온 이름이지요. 과거 로마 시대에 키프로스에 구리가 많았기 때문에 거기서 이름을 따왔어요. 구리에 생기는 녹은 주로 청록색을 띠어요. 그래서 과거의 구리 유물들은 대부분 청록색인 경우가 많아요.

부드러운 성질을 가진 구리 금속은 열과 전기를 매우 잘 전달해서 생활에서 널리 사용되고 있어요.

## 우리 생활 속 구리

구리는 한자어로 '동(銅)'이라고 불러요. 황동, 청동, 백동 등 생활 속에서 많이 쓰이고, 올림픽 동메달의 주 재료도 구리예요. '동전(銅錢)'도 '구리로 만든 돈'이라는 뜻이에요. 실제로 동전은 구리와 주석의 합금으로 되어 있답니다. 또한 구리는 금속 중에서 전기를 가장 잘 전달하는 성질이 있어서 전선으로 많이 사용해요. 최근에는 세균을 죽이는 효과가 높다는 것이 밝혀져 실내 장식이나 위생이 필요한 곳에도 널리 쓰이고 있어요.

| 원자 번호 29 Cu 구리 Copper | 특징 | 전기가 잘 통함 / 살균 효과가 있음 / 녹이 슬면 표면이 청록색으로 덮임 | | |
|---|---|---|---|---|
| | 사용 분야 | 동전, 동메달, 전선 등 | | |
| | 발견자 | 모름 | | |
| | 발견 연도 | 기원전 | 주기율표 족 | 11족 |
| | 상온에서 상태 | 고체 | | |

# 30. 사람이 살아가는 데 필요한 원소, 아연

우리 몸의 다양한 효소와 호르몬이 제대로 일을 하기 위해서는 '아연'이 꼭 필요해요. 키가 크기 위한 성장 호르몬과 남성과 여성에게 필요한 성 호르몬, 그리고 노화를 막아 주는 항산화 효소의 필수 요소가 바로 아연이에요. 아연이 풍부하게 들어 있는 음식은 달걀노른자, 생굴, 쇠고기, 키조개 등이에요.

아연의 기호는 Zn이고, 원자 번호는 30번이에요. 아연은 영어로 '징크(Zinc)'인데, '포크 끝'이라는 독일어 '진케(zinke)'에서 이름을 가져왔어요. 용광로 속으로 가라앉는 아연의 모습이 포크 끝처럼 뾰족했기 때문이라고 해요.

아연이 풍부한 굴

아연은 자연에서 혼자 존재하지 않고 여러 광물에서 다른 금속과 섞여서 많이 발견되곤 했어요. 오래전부터 이용해 왔지만, 순수한 아연을 얻는 방법은 뒤늦게 개발되었어요.

## 우리 생활 속 아연

아연은 철에 도금되어 부식을 막아 주며, 녹슬기 쉬운 건물의 외벽이나 다리에 이용돼요. 의료용 테이프나 자외선 차단제에도 사용되며, 악기, 통신 기기, 동전을 만드는 데도 활용되지요.

아연으로 도금된 악기

또한 높은 온도에서 전기를 통하게 하는 성질을 이용해서 건전지의 음극(-)을 만들어요. 다양한 전지들을 아연을 이용하여 만들기 때문에 생활 속에서 꼭 필요한 원소라고 할 수 있어요.

| 원자 번호 30 **Zn** 아연 Zinc | 특징 | 필수 영양소 / 부식 방지 / 높은 온도에서 전기를 전달함 | | |
|---|---|---|---|---|
| | 사용 분야 | 도금, 건전지, 의료용 테이프, 자외선 차단제, 악기 도금 등 | | |
| | 발견자 | 모름 | | |
| | 발견 연도 | 기원전 | 주기율표 족 | 12족 |
| | 상온에서 상태 | 고체 | | |

## 31 손으로도 녹일 수 있는 금속 원소, 갈륨

갈륨은 상온에서는 고체이지만 약 29℃에서는 손바닥에 올려 두기만 해도 녹지요. 그래서 갈륨으로 만든 숟가락을 마술에 사용하곤 해요.

갈륨의 기호는 Ga이고, 원자 번호는 31번이에요. '갈륨(Gallium)'이라는 이름은 '프랑스'의 라틴어 이름 '갈리아(Gallia)'에서 따왔는데, 프랑스의 화학자 부아보드랑이 발견했기 때문이에요. 갈륨은 다른 금속과 같이 둘 수 없어요. 잘 녹아서 금속을 약하게 만드니까요.

갈륨은 반도체의 재료로 사용해요. 반도체의 성능을 좋게 만들어서 전기를 절약하고 크기를 작게 만들 수 있어요. 다른 원소와 혼합하면 빛을 내는 발광 다이오드(LED)를 만들 수도 있어서 많은 곳에 쓰이고 있어요.

LED 시계

| 원자 번호 31 **Ga** 갈륨 Gallium | 사용 분야 | 반도체, 발광 다이오드 등 | | |
|---|---|---|---|---|
| | 발견자 | 르코크 드 부아보드랑(프랑스) | | |
| | 발견 연도 | 1875년 | 주기율표 족 | 13족 |
| | 상온에서 상태 | 고체 | | |

## 32. 생명체에 필요하지 않는 원소, 저마늄

저마늄은 전기가 잘 통하는 도체와, 전기가 통하지 않는 절연체의 중간 성질을 띠고 있어요. 실리콘이 사용되기 이전인 1960년대까지는 저마늄이 주로 반도체 소자를 만드는 재료로 쓰였어요.

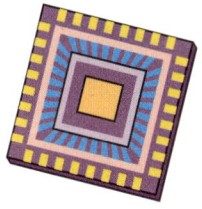

반도체

저마늄의 기호는 Ge이고, 원자 번호는 32번이에요. '저마늄(Germanium)'이라는 원소 이름은 독일의 옛 이름 '게르마니아(Germania)'에서 따와서 지었어요. 독일 출신의 과학자가 발견하여 이름을 붙였지요. 저마늄은 규소와 비슷한 성질을 가지고 있어요. 높은 온도에서 전기를 잘 통하게 하며, 광택이 있고 열을 잘 전달하지만 부서지기나 깨지기 쉬워요. 적외선을 통과시키거나 굴절시키는 성질이 있어서 광섬유, 야간 투시경, 열 감지기 등에 주로 쓰여요.

| 원자 번호 32 **Ge** 저마늄 Germanium | 사용 분야 | 광섬유, 야간 투시경, 열 감지기 등 | | |
|---|---|---|---|---|
| | 발견자 | 클레멘스 빙클러(독일) | | |
| | 발견 연도 | 1886년 | 주기율표 족 | 14족 |
| | 상온에서 상태 | 고체 | | |

## 33 독약을 초록색으로 만든 원소, 비소

만화에서 보면 독은 대개 초록색으로 나와요. 이게 다 '페리스 그린'이라는 쥐약 때문이에요. 페리스 그린은 프랑스에서 처음 만든 약인데, '비소'와 '구리'를 섞은 화합물이에요. 비소의 기호는 As이고, 원자 번호는 33번이에요. 비소는 영어로 '아서닉(Arsenic)'인데, '웅황'을 뜻하는 그리스어 '아세니콘(arsenikon)'에서 이름을 따왔어요. 비소가 많이 발견된 광물이 웅황이기 때문이지요.

독약

순수한 비소는 독성이 없지만 다른 원소와 섞인 화합물은 독성을 지녀요. 비소 화합물은 색이나 냄새가 없고 약간의 단맛이 있으며, 과거에는 알아차리기 어려워서 독약으로 많이 쓰였어요. 오늘날 비소는 백혈병 치료제로도 쓰이며, 산업 분야에서 반도체, 발광 다이오드(LED)를 만드는 데 사용해요.

| 원자 번호 33 As 비소 Arsenic | 사용 분야 | 독극물, 백혈병 치료제, 반도체, LED 등 | | |
|---|---|---|---|---|
| | 발견자 | 알베르투스 마그누스(독일) | | |
| | 발견 연도 | 1250년경 | 주기율표 족 | 15족 |
| | 상온에서 상태 | 고체 | | |

## 34 일부러 먹을 필요가 없는 원소, 셀레늄

셀레늄은 생명체에 꼭 필요한 필수 영양소이지만 너무 많이 먹으면 중독을 일으키고 빈혈, 고혈압, 암 등의 질병을 일으켜요. 셀레늄을 처음 발견했던 과학자 베르셀리우스도 이 원소에 중독되어 죽었다고 해요. 우리가 평소 먹는 음식으로도 적당량을 섭취할 수 있어서 일부러 구해서 먹을 필요는 없어요.

복사기

셀레늄의 기호는 Se이고, 원자 번호는 34번이에요. '셀레늄(Selenium)'이라는 이름은 그리스 달의 여신인 '셀레네(selene)'에서 따왔답니다. 같은 속에 속한 텔루륨(원자 번호 52)이 '지구'에서 이름을 따왔기 때문에 비슷한 성질을 가진 셀레늄에는 달을 의미하는 이름을 붙였어요.

셀레늄은 복사기와 레이저 프린터에 사용돼요. 빛이 닿으면 전기를 발생시키는 성질이 있어서 적외선 레이저, 엑스선에도 쓰여요.

| 원자 번호 34 **Se** 셀레늄 Selenium | 사용 분야 | 복사기, 레이저 프린터, LED, 암 치료제 등 | | |
|---|---|---|---|---|
| | 발견자 | 옌스 야코브 베르셀리우스(스웨덴) | | |
| | 발견 연도 | 1817년 | 주기율표 족 | 16족 |
| | 상온에서 상태 | 고체 | | |

## 35 브로마이드의 어원이 된 원소, 브로민

인기 가수나 배우의 모습이 담긴 커다란 브로마이드를 본 적 있지요? 브로마이드는 필름을 인화할 때 쓰는 감광제 '브롬화 은(AgBr)'에서 나온 말인데, 이 감광제를 이루는 원소가 바로 '브로민'과 '은'이랍니다.

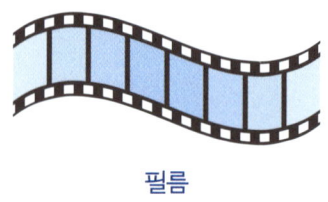

필름

브로민의 기호는 Br이고 원자 번호는 35번이에요. '브로민(Bromine)'이라는 이름은 '냄새'라는 뜻의 그리스어 '브로모스(bromos)'에서 유래했어요. 브로민이 독특한 냄새를 풍겼기 때문이에요.

브로민은 주변에 있는 금속을 녹슬고 삭게 만들어요. 다른 원소와 결합하면 불에 잘 타지 않는 성질이 있어서 연소 속도를 늦추는 방염 물질로 사용해요. 예전에는 브로민을 살충제, 농약으로 사용했지만, 환경오염 문제로 현재는 사용이 줄어들었답니다.

| 원자 번호 35<br>**Br**<br>브로민<br>Bromine | 사용 분야 | 사진 감광제, 방염 물질, 살충제, 염색약 등 | | |
|---|---|---|---|---|
| | 발견자 | 앙투안제롬 발라르(프랑스), 카를 야코브 뢰비히(독일) | | |
| | 발견 연도 | 1826년 | 주기율표 족 | 17족 |
| | 상온에서 상태 | 액체 | | |

## 36 공항의 활주로를 밝혀 주는 원소, 크립톤

크립톤은 빛을 내는 성질을 활용해 램프, 레이저를 만드는 데 사용해요. 크립톤의 기호는 Kr이고, 원자 번호는 36번이에요. '크립톤(Krypton)'의 이름은 그리스어로 '숨겨진 것'이라는 뜻을 가진 '크리토스(krytos)'에서 유래했어요. 지구의 공기 중에 0.0001퍼센트밖에 없는 희귀한 원소이기 때문에 이런 이름이 붙었어요. 크립톤도 다른 18족 원소들(헬륨, 네온, 아르곤)처럼 전기를 흘려보내면 밝은 흰색 빛을 내는데, 이러한 성질을 활용하여 비행기 활주로를 밝히는 데 쓰인답니다.

공항 활주로

크립톤은 헬륨처럼 들이마시면 목소리가 변해요. 헬륨은 마시면 목소리가 높게 나는데, 크립톤을 마시면 괴물 같은 낮은 목소리가 나요.

| 원자 번호 36 **Kr** 크립톤 Krypton | 사용 분야 | 네온사인, 섬광등, 산업용 레이저 등 | | |
|---|---|---|---|---|
| | 발견자 | 윌리엄 램지(영국), 모리스 윌리엄 트래버스(영국) | | |
| | 발견 연도 | 1898년 | 주기율표 족 | 18족 |
| | 상온에서 상태 | 기체 | | |

## 37 원자시계를 만드는 원소, 루비듐

내비게이션은 GPS를 활용해서 우리가 길을 잃지 않고 제대로 찾아갈 수 있게 도와줘요. 붉은색을 띠는 루비듐은 내비게이션이 위성 신호를 올바르게 잡도록 도와주는 원소예요.

GPS

루비듐의 원소 기호는 Rb예요. 원자 번호는 37번이지요.

'루비듐(Rubidium)'이라는 원소 이름은 '붉은색'을 뜻하는 라틴어 '루비더스(rubidus)'에서 따왔어요. 루비듐은 공기 중에 있는 수분과 만나면 폭발하는 성질이 있어서 사용할 때 조심해야 해요. 원자시계를 만들 때도 루비듐을 사용해요. 원자시계는 원자의 진동수가 일정함을 이용하여 만든 시계예요. 루비듐 원자시계는 가격이 싸고 작게 만들 수 있어서 통신 기기 등에 많이 쓰이지요.

| 원자 번호 37 **Rb** 루비듐 Rubidium | 사용 분야 | 원자시계, GPS 등 | | |
|---|---|---|---|---|
| | 발견자 | 구스타프 키르히호프(독일), 로베르트 분젠(독일) | | |
| | 발견 연도 | 1861년 | 주기율표 족 | 1족 |
| | 상온에서 상태 | 고체 | | |

## 38 생명을 위협하는 최악의 원소, 스트론튬

원자력 발전소 사고가 일어나면 가장 위험한 것이 방사능 노출이에요. 이때 우리 몸에 쌓이는 방사성 원소가 '스트론튬'이에요. 스트론튬의 기호는 Sr, 원자 번호는 38번이에요. '스트론튬(Strontium)'이라는 이름은 스코틀랜드의 마을 '스트론티안(Strontian)'에서 따왔어요. 스트론튬을 처음 발견한 장소가 그곳이기 때문이죠. 과학자들은 핵 실험으로 스트론튬-90을 만들었어요. 스트론튬과 성질은 비슷하고 질량만 다른 원소이지요. 이렇게 만든 것을 '동위 원소'라고 해요. 자연에 있는 스트론튬은 전혀 위험하지 않아요. 불에 타면 아름다운 불꽃을 내기 때문에 폭죽, 조명탄, 야광 물질에 쓰이지요. 동위 원소 스트론튬-90은 위험한 원소지만 안전하게 사용하면 충전이 필요 없는 발전기에 사용할 수 있어요.

폭죽

| 원자 번호 38 <br> **Sr** <br> 스트론튬 <br> Strontium | 사용 분야 | 폭죽, 조명탄, 야광 물질, 발전기 등 | | |
|---|---|---|---|---|
| | 발견자 | 험프리 데이비(영국) | | |
| | 발견 연도 | 1808년 | 주기율표 족 | 2족 |
| | 상온에서 상태 | 고체 | | |

## 39 최초로 발견된 희토류 원소, 이트륨

'이트륨(Yttrium)'은 최초로 발견된 희토류 원소예요. 희토류 원소는 이트륨, 스칸듐, 란타넘족 원소를 포함한 총 17개의 원소를 말해요.

이트륨의 기호는 Y이고, 원자 번호는 39번이에요. 이름은 이트륨을 최초로 발견한 스웨덴의 이테르비(Ytterby) 마을 이름을 따서 지었어요. 이트륨을 처음 발견한 사람은 스웨덴의 군인 아레니우스예요. 아레니우스는 채석장에서 우연히 발견한 광물이 특이해 과학자들에게 연구를 해 달라고 요청하였고, 그 결과 이트륨이 발견되었다고 해요.

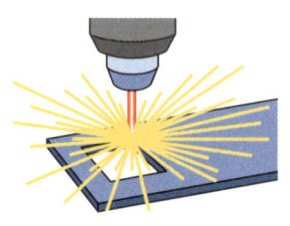

레이저

이트륨은 주로 LED, 반도체의 재료로 쓰여요. 이트륨을 다른 금속과 섞어서 쓰면 안정성과 강도가 높아져요. 미사일 부품, 자동차 점화 플러그, 절단 도구, MRI, 강화 유리, 레이저 등을 만들 때 사용해요.

| 원자 번호 39<br><br>**Y**<br><br>이트륨<br>Yttrium | 사용 분야 | LED, 야광, 합금, 전자 부품, 초전도체, 레이저, 강화 유리 등 | | |
|---|---|---|---|---|
| | 발견자 | 칼 악셀 아레니우스(스웨덴) | | |
| | 발견 연도 | 1787년 | 주기율표 족 | 3족 |
| | 상온에서 상태 | 고체 | | |

## 40 큐빅을 만드는 원소, 지르코늄

다이아몬드는 누구나 갖고 싶어 하는 보석이지요. 하지만 워낙에 비싸서 사람들은 다이아몬드와 똑 닮은 큐빅을 만들었는데, 큐빅의 재료가 되는 원소가 '지르코늄(Zirconium)'이랍니다. 지르코늄의 기호는 Zr이고, 원자 번호는 40번이에요. 이

큐빅

름은 아랍어로 '금빛'을 뜻하는 '쟈군(zargun)'에서 따왔어요. 지르코늄은 원자로를 만드는 데 사용해요. 원자력 에너지를 효과적으로 가두는 성질이 있거든요. 단점은 높은 온도에서 물과 반응해 폭발하는 수소를 만들어 낸다는 점이에요. 그래서 원자로를 제때 식히지 못하면 폭발할 수 있어요. 지르코늄 합금은 열을 견디는 성질이 우수해 우주 왕복선, 탄두를 만드는 데 쓰여요. 또 인공 치아, 인공 관절 등에도 쓰인답니다.

| 원자 번호 40 Zr 지르코늄 Zirconium | 사용 분야 | 장신구, 원자력 발전소 피복재, 코팅, 인공 치아, 인공 관절 등 | | |
|---|---|---|---|---|
| | 발견자 | 마르틴 하인리히 클라프로트(독일) | | |
| | 발견 연도 | 1789년 | 주기율표 족 | 4족 |
| | 상온에서 상태 | 고체 | | |

## 41 초전도체를 만드는 원소, 나이오븀

미래의 교통수단 중에 자기 부상 열차라고 들어 보았나요? 자기 부상 열차는 철길 위에 살짝 떠서 미끄러지듯 빠르게 움직이는 기차예요. 무거운 기차를

자기 부상 열차

어떻게 철길 위에 띄울 수 있냐고요? 초전도체를 사용하면 가능해요!

초전도체는 아주 낮은 온도에서 자석을 밀어내는 성질을 갖고 있어요. 이 성질을 이용해 기차에는 자석을, 철길에는 초전도체를 설치하면 기차를 뜨게 만들 수 있답니다. 이러한 초전도체를 만들 때 사용하는 원소가 '나이오븀'이에요.

나이오븀의 기호는 Nb이고, 원자 번호는 41번이에요. '나이오븀(Niobium)'이라는 원소 이름은 탄탈로스의 딸인 그리스 여인 '니오베(Niobe)'의 이름을 따서 지었어요. 하지만 최초로 나이오븀을 발견했던 영국 과학자 찰스 해체트는 나이오븀이 아닌 '컬럼븀(Cb)'이라고 이름을 지었어요. 컬럼바이트라는 광물에서 나이오븀을 발견했기 때문에 광물의 이름을 따서 '컬럼븀'이라고 지었던 것이죠.

그렇다면 왜 나이오븀이라는 새로운 이름이 붙은 것일까요? 과학자들은 컬럼븀을 처음 발견했을 때 탄탈럼(원자 번호 73)과 똑같은 원소라고 생각했어요. 하지만 40년 후, 1844년에 독일의 화학자 하인리히 로제가 탄탈럼과 나이오븀이 서로 다른 원소라는 것을 증명했어요. 로제는 성질이 비슷한 두 원소를 아빠와 딸에 비유하고, 탄탈럼의 어원이 탄탈로스니까 딸 니오베의 이름을 따서 원소 이름을 지었어요.

### 우리 생활 속 나이오븀

나이오븀은 초전도체로 활용하는 것 외에도 합금으로 많이 사용돼요. 나이오븀을 섞은 강철은 주로 건물 뼈대, 제트 엔진과 로켓 엔진의 노즐, 단열재와 같은 특별한 용도로 사용되는 '슈퍼 합금'이 돼요. 아폴로 달 탐사선의 로켓 엔진 노즐도 나이오븀을 이용해 만들었다고 해요.

| 원자 번호 41 Nb 나이오븀 Niobium | 특징 | 광택이 있는 회백색 금속 / 산화할 때 다양한 색을 띰 | | |
|---|---|---|---|---|
| | 사용 분야 | 초전도체, 첨단 산업용 합금 등 | | |
| | 발견자 | 찰스 해체트(영국) | | |
| | 발견 연도 | 1801년 | 주기율표 족 | 5족 |
| | 상온에서 상태 | 고체 | | |

## 42 흑연이라고 생각했던 원소, 몰리브데넘

우리가 공부할 때 매일 쓰는 연필의 심은 무엇으로 만들어졌는지 생각해 본 적이 있나요? 연필심은 흑연이라는 재료로 만들어요.

몰리브데넘 합금으로 만든 가위

흑연과 몰리브데넘 사이에 재밌는 이야기가 있어요. 오늘날 흑연은 탄소(원자 번호 6)로 이루어져 있다는 것이 밝혀졌지만, 옛날에는 검은색을 가진 납이라고 생각했다고 해요. 그래서 '검은 납'이라는 뜻을 담아 '흑연(黑鉛)'이라고 불렀던 것이지요.

몰리브데넘도 처음 발견될 당시에 사람들은 흑연이라고 생각했어요. 몰리브데넘 역시 촉감이 비슷하고 무르며, 광택이 있는 데다 필기구로 이용할 수 있었기 때문이에요.

몰리브데넘의 기호는 Mo이고, 원자 번호는 42번이에요. '몰리브데넘(Molybdenum)'은 '몰리브덴'이라고 부르기도 하는데, '납'을 의미하는 그리스어 '몰리브도스(Molybdos)'에서 이름을 따서 지었어요. 사람들이 오랫동안 몰리브데넘을 납이라고 생각했던 것이 원소 이름에도 반영된 것이지요.

몰리브데넘은 텅스텐(원자 번호 74)과 아주 비슷한 성질을 갖고 있어요. 그래서 몰리브데넘은 텅스텐의 대체품으로 연구되고 있어요.

### 우리 생활 속 몰리브데넘

오늘날 몰리브데넘의 대부분은 합금을 만드는 데 사용해요. 몰리브데넘이 첨가된 합금은 더욱 단단하고, 높은 열에 잘 견딜 수 있기 때문이지요. 우리 몸에도 몰리브데넘이 꼭 필요해요. 몰리브데넘은 신장과 간에 저장되어 있으며 우리 몸의 세포를 보호하고, 해독 작용을 돕는 역할을 한답니다.

| 원자 번호 42 Mo 몰리브데넘 Molybdenum | 특징 | 광택이 있는 은백색 금속 | | |
| --- | --- | --- | --- | --- |
| | 사용 분야 | 합금, 미네랄 등 | | |
| | 발견자 | 페테르 야코브 이엘름(스웨덴) | | |
| | 발견 연도 | 1781년 | 주기율표 족 | 6족 |
| | 상온에서 상태 | 고체 | | |

## 43 사람이 처음 만들어 낸 원소, 테크네튬

사람이 만들어 낸 원소가 있다면 믿어지나요? 과학자들은 몰리브데넘(원자 번호 42)을 연구하는 과정에서 입자를 몰리브데넘에 쏘아 부딪히는 실험을 하다가 새로운 원소를 발견했어요. 바로 '테크네튬'이지요. 테크네튬은 인공적으로 만든 최초의 원소랍니다.

방사성 영상 진단

테크네튬의 원소 기호는 Tc이고, 원자 번호는 43번이에요. '테크네튬(Technetium)'이라는 이름에는 인간이 만들었다는 뜻이 담겨 있어요. 테크네튬은 공기 중의 산소와 반응하지 않아서 녹이 거의 슬지 않지요. 따라서 녹이 잘 슬지 않는 강철 합금을 만드는 곳에 사용해요. 하지만 방사능을 내는 원소이기 때문에 아주 제한적인 분야에만 이용된답니다.

| 원자 번호 43 **Tc** 테크네튬 Technetium | 사용 분야 | 내부식성 강철 합금, 방사성 영상 진단 등 | | |
|---|---|---|---|---|
| | 발견자 | 카를로 페리에(이탈리아), 에밀리오 지오 세그레(이탈리아) | | |
| | 발견 연도 | 1937년 | 주기율표 족 | 7족 |
| | 상온에서 상태 | 고체 | | |

## 44 컴퓨터의 기억을 담당하는 원소, 루테늄

컴퓨터에서 정보를 기억하는 하드디스크가 더 많은 정보를 기억할 수 있게 만드는 원소가 '루테늄'이에요. 그래서 루테늄이 포함된 하드디스크를 개발한 IBM 회사의 과학자들은 루테늄에 '픽시 더스트', 우리말로 '요정의 가루'라는 별명을 붙이기도 했어요.

하드디스크

루테늄의 기호는 Ru, 원자 번호는 44번이에요. '루테늄(Ruthenium)'이라는 이름은 '루테니아(Ruthenia)'에서 따왔어요. 루테늄이 들어 있는 광물을 지금의 우크라이나, 벨라루스 땅에 있던 루테니아 왕국 광산에서 처음 발견했기 때문이에요. 루테늄은 반도체를 만드는 전자 산업 분야에서 많이 사용해요. 또한 만년필의 펜촉이나 반지, 목걸이와 같은 장신구를 만드는 데 사용해요.

| 원자 번호 44<br>Ru<br>루테늄<br>Ruthenium | 사용 분야 | 하드디스크, 전자 산업, 장신구 등 | | |
|---|---|---|---|---|
| | 발견자 | 칼 클라우스(러시아) | | |
| | 발견 연도 | 1844년 | 주기율표 족 | 8족 |
| | 상온에서 상태 | 고체 | | |

## 45 대기 오염을 막아 주는 원소, 로듐

자동차 배기가스가 환경 오염의 주범이란 말 들어 봤죠? '로듐'은 배기가스 정화 장치에 쓰이는 중요한 원소예요. 로듐의 기호는 Rh이고, 원자 번호는 45번이에요. '로듐(Rhodium)'이라는 이름은 '장미'를 뜻하는 그리스어 '로돈(rhodon)'에서 만들어졌어요. 백금 광석을 이용해 만든 장밋빛 용액에서 로듐을 발견했기 때문이지요.

배기가스 정화 장치

로듐은 매장량이 매우 적지만 필요한 곳이 많아요. 팔라듐(원자 번호 46)과 백금(원자 번호 78), 알루미늄을 섞은 합금으로 만든 정화 장치의 촉매로 쓰이고, 단단해서 거울이나 현미경을 강화할 때 사용해요. 헬멧과 같은 보호 장비에도 쓰여요. 빛을 반사하는 성질이 있어 자동차 전조등, 반사판에 사용되기도 하고요.

| 원자 번호 45 Rh 로듐 Rhodium | 사용 분야 | 자동차 정화 장치 촉매, 거울, 현미경, 자동차 전조등, 반사판 등 | | |
|---|---|---|---|---|
| | 발견자 | 윌리엄 하이드 울러스턴(영국) | | |
| | 발견 연도 | 1803년 | 주기율표 족 | 9족 |
| | 상온에서 상태 | 고체 | | |

## 46 아이언맨의 아크 원자로에 쓰인 원소, 팔라듐

아이언맨 영화를 보면 아이언맨의 가슴에 장착된 소형 원자로를 작동시키기 위해 필요한 것이 '팔라듐'이라고 해요. 원자로 속 핵융합 반응을 팔라듐이 도와준다는 설정인데, 아직은 영화 속에서만 가능한 일이랍니다.

'팔라듐(Palladium)'의 기호는 Pd이고, 원자 번호는 46번이에요. 이름은 발견 직전에 관측된 소행성 '팔라스(Pallas)'에서 따왔어요. 이 이름은 아테나 여신의 다른 이름인 '팔라스 아테나'에서 유래되었지요.

팔라듐은 은백색의 광택이 나서 다른 귀금속과 합금하여 장신구로 이용해요. 단단하고 가벼워서 수술용 기구나 치과 치료용 금속으로 많이 사용해요. 또 일산화탄소 감지기에도 쓰여요.

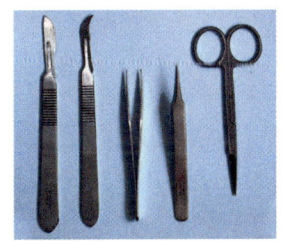

수술용 기구

| 원자 번호 46 Pd 팔라듐 Palladium | 사용 분야 | 장신구, 수술 기구, 치과 치료용 금속, 일산화탄소 감지기 등 | | |
|---|---|---|---|---|
| | 발견자 | 윌리엄 하이드 울러스턴(영국) | | |
| | 발견 연도 | 1803년 | 주기율표 족 | 10족 |
| | 상온에서 상태 | 고체 | | |

#  독을 검사하는 원소, 은

사극을 보면 왕이 음식을 먹기 전에 상궁이 은수저로 독을 검사하는 장면이 나와요. 독의 주성분이었던 '황'이 '은'을 만나면 검게 변하는 성질이 있거든요.

은반지

은의 기호는 Ag이고, 원자 번호는 47번이에요. 원소 기호인 'Ag'는 '빛나는 흰색'을 뜻하는 그리스어 '아르겐툼(argentum)'에서 따왔어요. 영어로는 '실버(Silver)'인데, '은'을 뜻하는 앵글로색슨어 '술푸르(siolfur)'에서 따온 이름이죠. 은은 옛날부터 귀중한 금속으로 여겨졌고, 금과 함께 돈으로 많이 사용했어요. 아름다운 빛깔을 띠고 있어 장신구로도 쓰이고, 두 금속 물체를 연결하는 땜납이나, 악기의 재료가 되고 있어요. 전기를 잘 전달하는 성질도 있어 집적 회로, 축전지에도 사용돼요.

| 원자 번호 47 Ag 은 Silver | 사용 분야 | 동전, 장신구, 땜납, 악기, 집적 회로, 축전지 등 | | |
|---|---|---|---|---|
| | 발견자 | 모름 | | |
| | 발견 연도 | 기원전 | 주기율표 족 | 11족 |
| | 상온에서 상태 | 고체 | | |

## 48 국가에서 엄격하게 관리하는 원소, 카드뮴

1910년 무렵 일본의 한 마을 사람들이 근처 공장에서 흘려보낸 폐수에 있던 '카드뮴'에 중독되어 죽는 사건이 있었어요. 이후 카드뮴은 1급 발암 물질로 분류되어 함부로 버릴 수 없도록 각 나라에서 엄격하게 관리하고 있어요.

물감

카드뮴의 기호는 Cd이고, 원자 번호는 48번이에요. '카드뮴(Cadmium)'이라는 이름은 아연(원자 번호 30)의 종류인 '산화 아연' 혹은 '탄산 아연'의 옛 그리스 이름인 '카드메이아(kadmeia)'에서 유래했어요. 아연과 같이 발견되고 성질 또한 비슷하기 때문이지요.

카드뮴은 색이 화려한 화합물을 만드는 원소여서 페인트나 물감에 많이 사용했어요. 현재는 고해상도 디스플레이나 바이오 산업에 활용되고 있어요.

| 원자 번호 48 Cd 카드뮴 Cadmium | 사용 분야 | 페인트, 물감, 고해상도 디스플레이, 바이오 산업 등 | | |
|---|---|---|---|---|
| | 발견자 | 프리드리히 슈트로마이어(독일) | | |
| | 발견 연도 | 1817년 | 주기율표 족 | 12족 |
| | 상온에서 상태 | 고체 | | |

## 49 태양 전지를 만드는 데 사용되는 원소, 인듐

석유, 석탄 같은 자원을 대신할 수 있는 자원으로 태양 빛이 있어요. 태양 빛을 에너지로 만들려면 태양 전지가 필요해요. 태양 전지를 만드는 데 사용되는 원소가 '인듐'이에요.

노트북 모니터

인듐의 기호는 In이고, 원자 번호는 49번이에요. '인듐(Indium)'의 이름은 '남색'을 뜻하는 라틴어 '인디시움(indicium)'에서 유래했어요. 인듐 원소가 뿜어내는 빛이 남색이거든요. 인듐은 무른 금속이어서 형태를 쉽게 바꿀 수 있어요. 텔레비전이나 노트북 모니터, 우주선, 항공기 등에도 쓰여요. 적은 양으로도 많은 일을 해낼 수 있지만, 가격이 비싸고 땅에 매장되어 있는 양이 너무 적어요. 그래서 재활용하는 기술이 개발되고 있지요.

| 원자 번호 49 **In** 인듐 Indium | 사용 분야 | 태양 전지, 모니터, 우주선, 항공기 등 | | |
|---|---|---|---|---|
| | 발견자 | 페르디난트 라이히(독일), 히에로니무스 테오도어 리히터(독일) | | |
| | 발견 연도 | 1863년 | 주기율표 족 | 13족 |
| | 상온에서 상태 | 고체 | | |

## 50 청동기 시대의 주인공 원소, 주석

청동은 '주석'과 '구리'를 섞어서 만들어요. 주석의 기호는 Sn이고, 원자 번호는 50번이에요. '주석'은 영어로 '틴(Tin)'인데, 에트루리아 신화에 나오는 신 '티니아(Tinia)'에서 이름이 유래되었어요. 원소 기호 'Sn'은 '주석'을 뜻하는 라틴어 '스태눔(Stannum)'에서 따왔어요.

주석은 온도가 낮아지면 '회주석'으로 바뀌며 잘 부서지는데, 이와 관련된 일화가 있어요. 나폴레옹이 이끄는 프랑스 군대가 겨울에 러시아를 공격하러 갔을 때예요. 군복 단추를 주석으로 만들었는데, 추위로 부서지면서 제대로 싸우지 못했답니다. 부드럽고 녹는점이 낮은 수석은 다른 금속과 섞은 합금으로 주로 사용해요. '양철'은 주석을 강철 표면에 입힌 것인데, 통조림통이나 석유통을 만들어요. 주석과 납을 섞은 '땜납'은 금속 물체를 연결할 때 사용해요.

통조림통

| 원자 번호 50 Sn 주석 Tin | 사용 분야 | 통조림통, 석유통, 땜납 등 | | |
|---|---|---|---|---|
| | 발견자 | 모름 | | |
| | 발견 연도 | 기원전 | 주기율표 족 | 14족 |
| | 상온에서 상태 | 고체 | | |

## 51 변비약으로 사용되었던 원소, 안티모니

옛날에는 변비에 걸리면 '안티모니'로 만든 약으로 치료했어요. 하지만 독성이 밝혀지면서 더는 사용하지 않았답니다.

'안티모니(Antimony)'의 기호는 Sb이고, 원자 번호는 51번이에요. 이름은 '반대'라는 뜻의 그리스어 '안티(anti)'와 '고독'이라는 뜻의 그리스어 '모노스(monos)'를 합쳐서 만들었어요. 다른 물질과 섞여 있기 때문에 '고독하지 않다'는 뜻이지요. 원소 기호 'Sb'는 안티모니가 많이 들어 있는 '휘안석(Stibnite)'에서 따왔어요.

클레오파트라

안티모니는 인기가 많은 원소였어요. 클레오파트라도 안티모니 분말을 눈에 발랐고, 연금술에도 이용되었답니다. 현재는 합금으로 많이 쓰이며, 배터리, 납땜, 총알, 전선 등을 만들 때 쓰여요. 또한 실험용 가운이나 커튼 섬유에도 이용돼요.

| 원자 번호 51 Sb 안티모니 Antimony | 사용 분야 | 합금, 실험용 가운, 커튼 섬유 등 | | |
|---|---|---|---|---|
| | 발견자 | 모름 | | |
| | 발견 연도 | 기원전 | 주기율표 족 | 15족 |
| | 상온에서 상태 | 고체 | | |

## 52 지구를 뜻하는 원소, 텔루륨

텔루륨 발견 당시 사람들은 태양계 행성과 원소를 연관 지었어요. 태양은 금, 달은 은, 화성은 철과 색이 같아서 짝지었어요. 또 토성과 납, 목성과 주석, 금성과 구리, 수성과 수은을 묶었는데, 지구는 짝이 없었어요. 그래서 광물에서 찾은 '텔루륨'을 지구와 연결 지었어요.

'텔루륨(Telluirium)'의 기호는 Te이고, 원자 번호는 52번이에요. 이름은 '지구'를 뜻하는 라틴어 '텔루스(tellus)'에서 따왔어요. 텔루륨은 금속의 성질을 가지지만 전기가 잘 통하지 않아 준금속으로 분류돼요. 주로 합금으로 사용되는데, 아주 적은 양을 더하기만 해도 기능을 해요. 미니 냉장고 냉각기에도 쓰이고, 광학적 특성이 있어서 태양 전지, 적외선 리모컨에도 쓰여요.

미니 냉장고 냉각기

| 원자 번호 52 **Te** 텔루륨 Tellurium | 사용 분야 | 합금, 광섬유, 태양 전지, 적외선 리모컨 등 | | |
|---|---|---|---|---|
| | 발견자 | 프란츠 요제프 뮐러 폰 라이헨슈타인(오스트리아) | | |
| | 발견 연도 | 1783년 | 주기율표 족 | 16족 |
| | 상온에서 상태 | 고체 | | |

## 53 소독약으로 사용되는 원소, 아이오딘

'빨간약'이라고 불리는 소독약을 발라 봤나요? 소독약의 주재료가 되는 원소가 '아이오딘'이랍니다. 아이오딘의 기호는 I이고 원자 번호는 53번이에요. '아이오딘(Iodine)'의 이름은 '보라색'을 뜻하는 그리스어 '아이오데스(iodes)'에서 유래했어요. 예전에는 독일어식 이름인 '요오드'로 많이 불렸지만 혼란을 피하기 위해 아이오딘으로 변경했답니다. 이름처럼 아이오딘은 태우면 독특한 냄새를 가진 보라색 기체가 나와요. 또한 살균 효과를 갖고 있으며, 17족의 다른 원소와 같이 독성을 갖고 있어요.

소독약

아이오딘은 필수 미네랄 영양소이며, 우리 몸의 갑상샘 호르몬의 주요 구성 물질이기도 해요. 동위 원소인 아이오딘-131은 방사선 항암 치료제를 만드는 데 사용하고 있답니다.

| 원자 번호 53 I 아이오딘 Iodine | 사용 분야 | 소독약, 살균제, 갑상샘 호르몬 구성 물질, 항암 치료제, 할로젠 램프 등 | | |
|---|---|---|---|---|
| | 발견자 | 베르나르 쿠르투아(프랑스) | | |
| | 발견 연도 | 1811년 | 주기율표 족 | 17족 |
| | 상온에서 상태 | 고체 | | |

##  이온 엔진을 작동시키는 원소, 제논

연료를 많이 실을 수 없는 우주 공간에서는 우주선에 이온 엔진을 많이 사용해요. 적은 연료를 가지고도 오래 쓸 수 있거든요. 이 이온 엔진의 연료로 쓰이는 원소가 '제논'이랍니다.

제논의 기호는 Xe이고, 원자 번호는 54번이에요. '제논(Xenon)'의 이름은 그리스어로 '숨겨진 것'이라는 뜻을 가진 '제노스(Xenos)'에서 유래했어요. 굉장히 어려운 실험을 통해 겨우 발견되었거든요. 제논은 안정적이고, 색과 냄새가 없어요. 그리고 전기를 흘려보내면 빛을 내요.

제논은 밝은 빛을 내는 성질을 활용하여 자동차의 전조등, 플래시, 영사기 램프, 인공 태양광, 내시경용 전구 등에 쓰여요. 또 마취 효과가 뛰어나고 위험성이 낮아 전신 마취제로 사용해요.

조명

| 원자 번호 54 **Xe** 제논 Xenon | 사용 분야 | 제논 램프, 마취제, CT 조영제, 이온 엔진, 반도체 제조 등 | | |
|---|---|---|---|---|
| | 발견자 | 윌리엄 램지(영국), 모리스 윌리엄 트래버스(영국) | | |
| | 발견 연도 | 1898년 | 주기율표 족 | 18족 |
| | 상온에서 상태 | 기체 | | |

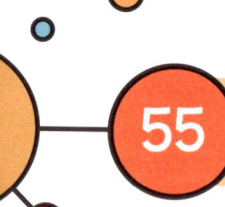

## 55 1초의 기준이 되는 원소, 세슘

예전에는 '1초'를 지구가 태양을 1년 동안 도는 시간을 기준으로 계산하여 정했지만 1967년 이후로는 세슘 원소의 성질을 이용하고 있어요. 세슘에서 나온 빛이 91억 9263만 1770번 떨리는 데 걸리는 시간이 1초라고 해요.

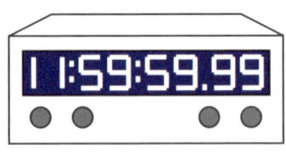

원자시계

세슘의 기호는 Cs이고, 원자 번호는 55번이에요. '세슘(Caesium)'이라는 이름은 '푸른 하늘'을 뜻하는 라틴어 '세시우스(caesius)'에서 유래했어요. 세슘 원소가 진한 청색 빛을 띠기 때문이죠. 세슘은 공기 중에서 불타고 물과 만나면 폭발해요. 그래서 물이 없는 곳에 보관해야 안전해요. 매우 부드럽고 가늘고 길게 잘 늘어나는 특징이 있어요. 고체에서 액체로 쉽게 녹일 수도 있어요. 또한 세슘을 활용하면 공기 중에 방사능이 있는지 검사할 수 있어요.

| 원자 번호 55 Cs 세슘 Caesium | 사용 분야 | 원자시계, 방사능 검출 등 | | |
|---|---|---|---|---|
| | 발견자 | 구스타프 키르히호프(독일), 로베르트 분젠(독일) | | |
| | 발견 연도 | 1860년 | 주기율표 족 | 1족 |
| | 상온에서 상태 | 고체 | | |

## 56 독성이 있지만 인체에 사용되는 원소, 바륨

바륨은 독성이 있어서 절대 먹어서는 안 돼요. 그런데 우리 몸을 검사하기 위해서 먹는 바륨이 있어요. 화합물인 황산 바륨인데, 먹어도 바륨이 위에서 따로 분해되지 않기 때문에 문제가 없어요.

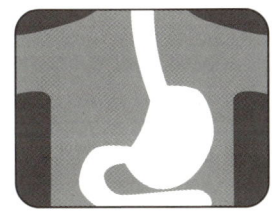

엑스레이 진단

바륨의 기호는 Ba이고, 원자 번호는 56번이에요. '바륨(Barium)'의 이름은 '무겁다'는 뜻의 그리스어 '바리스(barys)'에서 유래했어요. 바륨이 밀도가 크고 무거운 광물인 중정석에서 발견되었거든요.

바륨은 페인트, 종이 코팅 등에 사용되고 엑스레이 조영제로도 쓰여요. 이 밖에도 도자기에 바르는 유약 등에 사용되는 탄산 바륨, 쥐약에 사용되는 염화 바륨, 폭죽의 불꽃을 내는 질산 바륨 등이 있어요.

| 원자 번호 56 Ba 바륨 Barium | 사용 분야 | 엑스레이 조영제, 폭죽, 페인트, 유리 코팅 등 | | |
|---|---|---|---|---|
| | 발견자 | 험프리 데이비(영국) | | |
| | 발견 연도 | 1808년 | 주기율표 족 | 2족 |
| | 상온에서 상태 | 고체 | | |

## 57~71 성질이 서로 비슷한 원소, 란타넘족

란타넘족은 란타넘(원자 번호 57)부터 루테튬(원자 번호 71)까지의 원소들을 말해요. 이 원소들은 서로 비슷한 성질을 가지고 있어요. 스웨덴 '이테르비' 지방에 있는 검은 광석에서 발견되었으며, 구하기 어려워 '희토류 원소'라고도 불리지요.

### 57 란타넘 La

'란타넘(Lanthanum)'의 기호는 La이고, 원자 번호는 57번이에요. 은백색의 무른 금속으로, 혼자보다는 다른 금속과 섞인 합금 형태로 많이 쓰이고 있어요. 란타넘은 전기 자동차의 배터리 전지에 필요한 원소예요. 니켈과 수소로 만들어진 전지의 음극(-)을 구성하고 있지요. 또 망원경이나 현미경 렌즈, 수소 연료 전지의 재료로 사용되고 있어요.

망원경 렌즈

## 58 세륨 Ce

'세륨(Cerium)'의 기호는 Ce이고, 원자 번호는 58번이에요. 은회색의 금속인데 공기 중에서 색이 쉽게 변해요. 세륨은 자외선을 흡수하는 성질이 있어서 태양 빛을 차단하는 선글라스나 자동차 창문 유리에 쓰여요. 또 라이터 돌, 배기가스 정화 장치 등에도 사용돼요.

라이터 돌

## 59 프라세오디뮴 Pr

'프라세오디뮴(Praseodymium)'의 기호는 Pr이고, 원자 번호는 59번이에요. 은백색의 부드러운 금속이며, 공기 중에서 노란색으로 변해요.

안전 고글

프라세오디뮴은 유리나 도자기에 밝은 노란색 또는 녹색을 낼 때 사용해요. 빛을 차단하기도 해서 강한 빛에 노출되는 일을 하는 사람들이 쓰는 안전 고글을 만들 때 사용해요. 또 항공기 엔진의 단단한 합금이나 특수한 자석의 재료로 이용돼요.

## 60 네오디뮴 Nd

전기 모터 자석

 '네오디뮴(Neodymium)'의 기호는 Nd이고, 원자 번호는 60번이에요. 은백색의 무른 금속이며, 공기 중에서 광택을 잃고 청회색으로 변하는 성질이 있어요. 네오디뮴은 주로 자석으로 쓰이며, MRI, 컴퓨터 하드디스크, 하이브리드 자동차 전동기, 확성기, 이어폰에 사용돼요.


## 61 프로메튬 Pm

계기판

 '프로메튬(Promethium)'의 기호는 Pm이고, 원자 번호는 61번이에요. 그리스 신화에서 불을 훔쳐 인간에게 가져다준 '프로메테우스(Prometheus)'에서 원소 이름을 따왔어요. '제2의 불'이라고 불리는 우라늄(원자 번호 92)의 핵분열로 생긴 핵폐기물에서 발견되었기 때문이에요. 프로메튬은 양이 너무 적고 만들기도 어려워서 주로 연구 목적으로 사용돼요. 방사성 야광 물질이어서 차량 계기판, 라이트 등에 사용한 적도 있어요.

## 62 사마륨 Sm

소형 모터

'사마륨(Samarium)'의 기호는 Sm이고, 원자 번호는 62번이에요. 은백색의 비교적 단단한 금속이며, 빛을 흡수하는 성질이 있어요. 사마륨은 코발트(원자 번호 27)와 섞어 자석을 만들어요. 이 자석은 네오디뮴 자석에 비해 잘 녹슬지 않고 높은 온도에서도 자성을 유지해요. 소형 모터, 스피커, 의료 기기에 이용되고, 광학 유리를 만들거나 조명이나 레이저에도 사용돼요.


## 63 유로퓸 Eu

텔레비전

'유로퓸(Europium)'의 기호는 Eu이고, 원자 번호는 63번이에요. 매우 안정되어 있으며, 자외선을 비추면 형광이 강하게 나타나요. 유로퓸은 유로화 지폐에서 위조 방지를 위해 발라 두는 형광 물질에 쓰여요. 또 텔레비전, 형광등, 형광 유리에 이용돼요. 다른 원소를 더해 붉은색, 파란색, 노란색 등 다양한 색을 만들 수 있어요.

## 64 가돌리늄 Gd

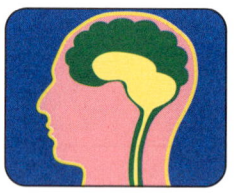
MRI 진단

'가돌리늄(Gadolinium)'의 기호는 Gd이고, 원자 번호는 64번이에요. 은백색의 금속이고, 자성이 있으며, 형광을 띠고 있어요.

가돌리늄은 MRI 영상을 선명하게 만드는 일을 해요. 네오디뮴 자석에 더해져서 부식을 막기도 하고요. 또 텔레비전 모니터의 색을 내는 형광 물질로 이용돼요.

## 65 터븀 Tb

형광등

형광등에 많이 사용한 '터븀(Terbium)'의 기호는 Tb이고, 원자 번호는 65번이에요. 은백색의 부드러운 금속이며, 온도에 따라 자석으로서의 성질을 조절할 수 있어요. CD, DVD 등과 같은 광디스크 제조에 쓰여요. 레이저 광선으로 일시적으로 자성을 없애고 정보를 다시 입력하게 하지요. 또 '자기 변형 합금'의 재료예요. 이 합금은 잉크젯 프린터, 평면 스피커 등에 사용돼요.

## 66 디스프로슘 Dy

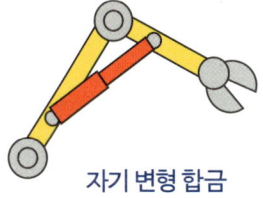
자기 변형 합금

'디스프로슘(Dysprosium)'의 원소 기호는 Dy이고, 원자 번호는 66번이에요. 밝고 은백색을 가진 무른 금속이며, 칼로 자를 수 있어요. 강한 자성이 있으며 높은 열에도 잘 견뎌요. 자석, 자기 변형 합금 등에 쓰이며 하드디스크, SD메모리 카드와 같은 저장 장치에 쓰여요. 또 적은 양의 빛에너지를 받아도 오랫동안 빛을 낼 수 있어서 비상구 표시등이나 경고용 팻말에 이용해요.

## 67 홀뮴 Ho

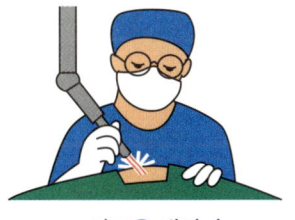
의료용 레이저

'홀뮴(Holmium)'의 기호는 Ho이고, 원자 번호는 67번이에요. 은백색 광택이 있는 무른 원소이며, 금방 녹스는 성질이 있어요. 홀뮴은 의료용 레이저로 사용해요. 절개와 동시에 주변의 세포를 살짝 태워서 피를 적게 흘리게 하지요. 또 초강력 자석으로 사용하거나 유리에 노란색이나 붉은색을 입힐 수 있어요.

## 68 어븀 Er

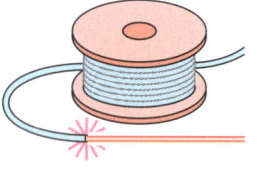

광섬유

'어븀(Erbium)'의 기호는 Er이고, 원자 번호는 68번이에요. 은백색의 금속이며, 다른 원소와 섞인 화합물로 존재할 때는 분홍빛을 띠고 있어요. 어븀은 광통신을 할 때 사용하는 광섬유에 쓰여요. 빛을 강하게 전달해 주어서 인터넷 속도를 높일 수 있지요. 또 충치를 치료하거나 점이나 멍을 제거하는 레이저에 이용돼요.

## 69 툴륨 Tm

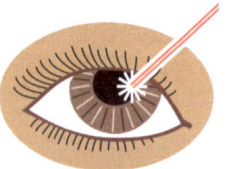

안구 시술 레이저

'툴륨(Thulium)'의 기호는 Tm이고, 원자 번호는 69번이에요. 은회색의 무른 금속이며, 광택이 있어요. 툴륨은 피부 잡티나 흉터를 제거하는 미용 레이저나, 안구 시술 레이저로 사용돼요. 또 어븀과 마찬가지로 광섬유에 사용되어 빛을 강하게 전달해요.

## 70 이터븀 Yb

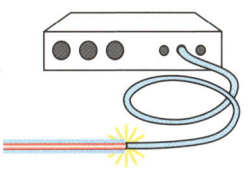
공업용 레이저

'이터븀(Ytterbium)'의 기호는 Yb이고, 원자 번호는 70번이에요. 은백색의 무른 금속이며, 압력에 따라 전기 저항이 변하는 성질이 있어요. 이러한 성질로 땅속의 압력을 알아차릴 수 있어서 지진 감지 장치로 쓰여요. 또 공업용 레이저로 사용되어 플라스틱이나 세라믹, 혹은 정밀한 금속 가공을 할 수 있어요.

## 71 루테튬 Lu

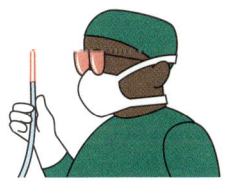
암 치료 방사선

'루테튬(Lutetium)'의 기호는 Lu이고, 원자 번호는 71번이에요. 은백색의 단단한 금속이며, 순수하게 분리하기 어려워서 란타넘족 원소 중에서 가장 가격이 비싸요. 루테튬은 암을 치료하는 방사선으로 사용되어 몸속의 암세포를 찾거나 죽일 수 있어요. 또 오랜 시간이 지나면 하프늄(원자 번호 72)으로 변하는 성질이 있는데, 이를 이용해 지층이나 암석이 얼마나 오래되었는지 측정해요.

## 72 원자로의 제어봉에 사용되는 원소, 하프늄

핵 잠수함은 원자가 쪼개지면서 나오는 에너지를 동력으로 이용해요. 이때 원자로의 폭발을 막으려면 원자로 안의 연쇄 반응을 막는 제어봉이 필요해요. 이 제어봉을 만드는 데 사용하는 원소가 '하프늄'이에요.

핵 잠수함

하프늄의 기호는 Hf이고, 원자 번호는 72번이에요. '하프늄(Hafnium)'이라는 이름은 덴마크의 수도 코펜하겐의 라틴어 이름 '하프니아(Hafnia)'를 따서 지었어요. 하프늄 원소를 처음 발견한 곳이 코펜하겐이거든요. 하프늄은 가공이 쉽고 부식이 되지 않으며, 높은 열과 압력에도 버틸 수 있어요.

하프늄은 다른 금속과 합쳐서 높은 열에도 잘 견디는 항공기 부품이나 소형 전자 기기, 고성능 전자 기기의 부품으로 사용해요.

| 원자 번호 72 Hf 하프늄 Hafnium | 사용 분야 | 원자로 제어봉, DVD 레이저, 집적 회로 절연체 등 | | |
|---|---|---|---|---|
| | 발견자 | 게오르크 헤베시(헝가리), 디르크 코스터(네덜란드) | | |
| | 발견 연도 | 1923년 | 주기율표 족 | 4족 |
| | 상온에서 상태 | 고체 | | |

## 73 전자 제품의 핵심 원소, 탄탈럼

전자 제품 안에 들어간 축전기는 빠른 속도로 적은 양의 전기를 저장하는 역할을 해요. 이 축전기를 만드는 데 사용하는 원소가 '탄탈럼'이에요.

'탄탈럼(Tantalum)'의 기호는 Ta이고, 원자 번호는 73번이에요. 이름은 그리스 신화에 나오는 '탄탈로스(Tantalos)' 왕의 이름을 따서 지었어요. 탄탈로스는 신들의 음식을 훔친 죄로 영원히 먹지도, 죽지도 못하는 고통을 받았어요. 탄탈럼은 산에도 잘 녹지 않을 만큼 산성에 무척 강한데, 고통을 견디는 탄탈로스와 같다고 하여 거기서 이름을 따왔지요.

탄탈럼은 열에 강하고, 자성이 강하며, 무게가 가벼워요. 또 다른 금속에 첨가하면 아주 단단하고 열에 강하게 만들기 때문에 발전기, 터빈, 원자로, 미사일 부품 등에 사용하지요. 또 독성이 없고 인체에 해롭지 않아 인공 뼈나 임플란트용 나사 등에 사용해요.

| 원자 번호 73 Ta 탄탈럼 Tantalum | 사용 분야 | 축전기, 임플란트용 나사, 인공 뼈, 고강도 내열성 초합금 등 | | |
|---|---|---|---|---|
| | 발견자 | 안데르스 에셰베리(스웨덴) | | |
| | 발견 연도 | 1801년 | 주기율표 족 | 5족 |
| | 상온에서 상태 | 고체 | | |

## 74 열에 매우 강한 원소, **텅스텐**

고체가 액체로 변하는 순간의 온도를 '녹는점'이라고 해요. '텅스텐'은 금속 중에서 녹는점이 가장 높아서 뜨거운 곳에서도 잘 사용돼요.

텅스텐의 기호는 W이고, 원자 번호는 74번이에요. '텅스텐(Tungsten)'이라는 이름은 스웨덴어로 '무거운(Tung) 돌(Sten)'을 뜻하지만 원소 기호인 W는 '늑대처럼 덮친다'라는 뜻을 가진 '볼프라마이트(Wolframite)'의 첫 글자에서 유래했어요. 텅스텐 광석이 주석을 파괴하는 성질을 '탐욕스러운 늑대'에 빗대어 표현한 것이랍니다.

전구 필라멘트

가볍고 단단한 텅스텐 합금은 오늘날 굉장히 다양한 곳에 쓰여요. 운동 기구나 수술 도구, 비행기, 전구 필라멘트, 경주용 자동차, 총알을 비롯한 여러 군용품의 재료로 쓰인답니다.

| 원자 번호 74 **W** 텅스텐 Tungsten | 사용 분야 | 초경량 합금, 초내열성 합금, 유약, 비료 등 | | |
|---|---|---|---|---|
| | 발견자 | 후안 호세 엘야아르(스페인), 파우스토 엘야아르(스페인) | | |
| | 발견 연도 | 1783년 | 주기율표 족 | 6족 |
| | 상온에서 상태 | 고체 | | |

## 75 끓는점이 가장 높은 원소, 레늄

물은 100°C가 되면 부글부글 끓어서 수증기가 되지요. 물뿐 아니라 다른 원소도 일정한 온도에 다다르면 끓어서 기체로 변해요. 레늄은 끓는점이 가장 높은 원소예요. 무려 5590°C가 되어야 끓는다고 해요.

로켓 엔진

레늄의 기호는 Re이고, 원자 번호는 75번이에요. '레늄(Rhenium)'의 이름은 독일 라인강의 라틴어 이름 '레누스(Rhenus)'를 따서 지었어요. 레늄을 최초로 발견한 과학자들이 독일 출신이어서 라인강에서 이름을 따왔지요.

레늄은 다른 금속과 합금하면 끓는점이 아주 높아져 고온에도 잘 버틸 수 있어요. 그래서 로켓, 제트기 엔진 등에 사용한답니다. 또 석유 화학 분야에서 반응을 잘 일으키는 촉매제로 사용해요.

| 원자 번호 75 Re 레늄 Rhenium | 사용 분야 | 고온 합금, 석유 화학 촉매제, 방사선 치료 등 | | |
|---|---|---|---|---|
| | 발견자 | 발터 노다크(독일), 이다 노다크(독일), 오토 베르크(독일) | | |
| | 발견 연도 | 1925년 | 주기율표 족 | 7족 |
| | 상온에서 상태 | 고체 | | |

## 76 밀도가 가장 큰 원소, 오스뮴

어떤 물질을 구성하는 원자가 빽빽하게 들어 있는 정도를 '밀도'라고 해요. '오스뮴'은 자연에 있는 원소 중에 밀도가 가장 높아요. 그만큼 아주 단단하지만 탄성이 낮아 쉽게 부러지는 특징이 있지요.

오스뮴의 기호는 Os, 원자 번호는 76번이에요. '오스뮴(Osmium)'이라는 이름은 그리스어로 '냄새'라는 뜻을 가진 '오스메(Osme)'에서 유래했어요. 오스뮴이 산소와 섞이면 매우 자극적인 냄새를 풍기거든요.

오스뮴은 전구 필라멘트 재료로 쓰였지만, 잘 끊어지는 단점 때문에 최근에는 사용하지 않아요. 백금과 섞으면 쉽게 녹슬지 않으며, 단단하고 내구성이 좋은 합금을 만들 수 있어요.

만년필 촉

| 원자 번호 76 **Os** 오스뮴 Osmium | 사용 분야 | 만년필 촉, 합금, 의료 기기 등 | | |
|---|---|---|---|---|
| | 발견자 | 스미슨 테넌트(영국) | | |
| | 발견 연도 | 1803년 | 주기율표 족 | 8족 |
| | 상온에서 상태 | 고체 | | |

## 77 1kg의 기준이 된 원소, 이리듐

2018년까지 질량의 단위인 킬로그램(kg)은 '이리듐'과 '백금'의 합금이 기준이었어요. 안정적이고 쉽게 마모되지 않았기 때문이죠.

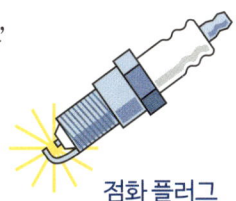

점화 플러그

'이리듐(Iridium)'의 기호는 Ir이고, 원자 번호는 77번이에요. 이름은 그리스 신화에 나오는 무지개 여신 '이리스(Iris)'에서 따왔어요. 이리듐 화합물의 수용액이 무지개처럼 다양한 색으로 변하는 현상이 있거든요. 이리듐은 주로 우주에서 지구로 들어오는 운석에서 발견이 되었어요. 그래서 이리듐을 우주에서 들어온 원소라고 생각하는 과학자들도 있어요.

이리듐은 다른 금속과 섞여 높은 온도에 잘 견디기 때문에 안정성이 필요한 반도체, 발광 다이오드, 엔진의 점화 플러그에 쓰여요. 나침판에 사용되고 만년필 펜촉을 단단하게 만들기도 하죠.

| 원자 번호 77 Ir 이리듐 Iridium | 사용 분야 | 반도체, 발광 다이오드, 엔진 점화 플러그 등 | | |
|---|---|---|---|---|
| | 발견자 | 스미스 테넌트(영국) | | |
| | 발견 연도 | 1803년 | 주기율표 족 | 9족 |
| | 상온에서 상태 | 고체 | | |

## 78 금보다 비싼 원소, 백금

백금은 하얗게 빛나는 희귀한 금속이며, 단단하고 부식에 강하기 때문에 금보다 비싼 가격이 매겨져요. 백금의 기호는 Pt이고, 원자 번호는 78번이에요. 백금은 영어로 '플래티넘(Platinum)'인데, '은'이라는 뜻의 스페인어 '플라타(plata)'에서 따온 이름이에요. 중남미 지역에서 원주민들이 장식품으로 백금을 사용하던 것을 스페인 정복자들이 보고 은과 비슷하다고 여긴 탓이에요.

실험 기구

백금은 잘 변하지 않고 광택이 오래 유지되어 귀금속으로 많이 사용되고, 실험 기구를 만들 때도 사용돼요. 또 자동차 배기가스를 정화해 주는 장치에 로듐, 팔라듐과 같이 쓰여서 환경 오염을 막아 주지요. 암 치료제로도 널리 쓰이고, 혈관 치료에도 이용되고 있답니다.

| 원자 번호 78 Pt 백금 Platinum | 사용 분야 | 귀금속, 실험 기구, 배기가스 정화 장치, 암 치료제, 혈관 치료제 등 | | |
|---|---|---|---|---|
| | 발견자 | 모름 | | |
| | 발견 연도 | 1750년경 | 주기율표 족 | 10족 |
| | 상온에서 상태 | 고체 | | |

## 79 사람들의 관심이 많은 원소, 금

금은 오래전부터 화려한 빛깔 때문에 장신구로 쓰였어요. 금을 더 만들기 위한 연금술 때문에 화학이 발전했고, 금을 찾기 위해 아메리카 대륙을 발견하기도 했지요.

금관

금의 기호는 Au이고, 원자 번호는 79번이에요. 금은 영어로 '골드(Gold)'인데, '빛나는', '노란색', '황금'이라는 뜻을 가진 인도유럽어 '겔(ghel)'에서 따왔어요. 금의 원자 기호 'Au'는 '태양 빛'을 뜻하는 라틴어 '아우룸(aurum)'에서 따왔어요. 금은 전기가 잘 통하고 쉽게 녹슬지 않아요. 또 잘 늘어나 가공하기 쉽고, 안정된 상태여서 많은 곳에 쓰여요. 독성이 없어 암을 치료하거나 약물을 전달하는 운반체로도 사용돼요. 또 전자 회로에 부품으로 쓰이고 있답니다.

| 원자 번호 79 **Au** 금 Gold | 사용 분야 | 귀금속, 금메달, 전자 회로 등 | | |
|---|---|---|---|---|
| | 발견자 | 모름 | | |
| | 발견 연도 | 기원전 | 주기율표 족 | 11족 |
| | 상온에서 상태 | 고체 | | |

## 80 액체 상태로 존재하는 금속 원소, 수은

수은은 액체 상태의 은회색 금속이에요. 녹는점이 영하 38℃이며, 표면 장력(표면을 최소화하려는 힘)이 강해서 둥근 모양으로 뭉치려고 해요.

수은의 기호는 Hg이고, 원자 번호는 80번이에요. 수은은 영어로 '머큐리(Mercury)'예요. 태양계 행성 '수성'의 이름과 같지요. 로마 신화에 나오는 발 빠른 신 '메르쿠리우스(Mercurius)'에서 이름을 따왔어요. 수은의 기호 'Hg'는 '물 상태의 은'을 뜻하는 라틴어 '히드라기룸(hydragyrum)'에서 따왔어요.

수은 온도계

수은은 독성이 강해서 먹으면 중독을 일으키고, 몸속의 장기와 신경이 제 기능을 못하게 방해하지요. 수은은 전기를 통해 자외선을 발생시키는 성질이 있어서 형광등이나 수은등에 쓰여요. 수은 온도계, 전지, 화약에도 사용했지만 독성 때문에 다른 원소로 대체되고 있어요.

| 원자 번호 80 **Hg** 수은 Mercury | 사용 분야 | 형광등, 수은등, 수은 온도계, 전지, 화약 등 | | |
|---|---|---|---|---|
| | 발견자 | 모름 | | |
| | 발견 연도 | 기원전 | 주기율표 족 | 12족 |
| | 상온에서 상태 | 액체 | | |

# 81 알게 모르게 중독되는 원소, 탈륨

중독이란 음식이나 약의 독성에 의해 몸의 기능이 망가지는 일이에요. '탈륨'은 중독 증상이 바로 나타나지 않아요. 서서히 머리가 빠지고, 몸도 움직이기 힘들어지며, 기억도 잃어가요.

저온 온도계

탈륨의 기호는 Tl이고, 원자 번호는 81번이에요. '탈륨(Tallium)'이라는 이름은 '신록의 잔가지'를 뜻하는 그리스어 '탈로스(thallos)'에서 따왔어요. 원자가 뿜어내는 초록색 선 모양의 빛이 새싹이 피어오르는 것처럼 보였기 때문이에요.

탈륨은 저온 온도계나 저온 스위치를 만들 때 이용해요. 과거에는 해충약이나 쥐약으로 많이 이용했지만 독성이 밝혀지고는 금지되었지요. 오늘날에는 심장병이나 암을 검사하는 곳에도 쓰이고 있어요.

| 원자 번호 81 **Tl** 탈륨 Tallium | 사용 분야 | 저온 온도계, 독약, 심장병·암 검사 등 | | |
|---|---|---|---|---|
| | 발견자 | 윌리엄 크룩스(영국) | | |
| | 발견 연도 | 1861년 | 주기율표 족 | 13족 |
| | 상온에서 상태 | 고체 | | |

## 82 베토벤의 목숨을 빼앗은 원소, 납

은백색의 금속인 납은 인류가 오래전부터 널리 이용해 왔어요. 녹는점이 낮고 부드러워서 주전자, 병 등 다른 물건으로 만들기 쉽지만 중독을 일으키기 때문에 주의해야 하는 물질이지요. 납 성분이 우리 몸으로 들어오면 잘 빠져나가지 않고 두통, 어지러움을 일으키거나 시력이나 청력에 이상이 나타날 수 있어요.

납축전지

납의 기호는 Pb이고, 원자 번호는 82번이에요. 납은 영어로 '리드(Lead)'예요. 원소 기호는 '납'이라는 뜻의 라틴어 '플룸붐(plumbum)'을 줄여서 만들었어요. 지금은 납땜에 쓰이거나 총알이나 폭탄 등 무기 제조에 쓰여요. 가장 많이 사용되는 곳은 납축전지인데, 자동차 배터리에 들어가요. 또 방사능을 막아서 원자력 발전소의 원자로에 쓰여요.

| 원자 번호 82 **Pb** 납 Lead | 사용 분야 | 납축전지, 원자로 등 | | |
|---|---|---|---|---|
| | 발견자 | 모름 | | |
| | 발견 연도 | 기원전 | 주기율표 족 | 14족 |
| | 상온에서 상태 | 고체 | | |

## 83 무지개 광택을 내는 원소, 비스무트

비스무트는 원소 자체는 은백색이지만 공기 중에 두면 얇은 막이 생기고, 이 막이 빛을 받으면 무지갯빛을 띤답니다. 비스무트의 기호는 Bi이고, 원자 번호는 83번이에요. '비스무트(Bismuth)'라는 이름은 '녹다'는 뜻의 라틴어 '비세무툼(bisemutum)' 혹은 '보인다'는 뜻의 아랍어 '비 이스미드(bismid)'에서 따왔어요.

화재경보기

비스무트는 1400년경에 한 연금술사가 발견했고, 1753년 조프루아라는 과학자가 비스무트와 다른 금속과의 차이점을 밝혀 원소로 가치를 인정받았어요. 비스무트는 독성이 거의 없고 상태가 안정되어 있어요. 낮은 녹는점을 이용하여 화재경보기와 전기 차단 퓨즈에 사용되고, 지사제, 위궤양 치료제 등으로도 쓰여요.

| 원자 번호 83 **Bi** 비스무트 Bismuth | 사용 분야 | 화재경보기, 퓨즈, 지사제, 위궤양 치료제 등 | | |
|---|---|---|---|---|
| | 발견자 | 클로드 프랑수아 조프루아(프랑스) | | |
| | 발견 연도 | 1753년 | 주기율표 족 | 15족 |
| | 상온에서 상태 | 고체 | | |

# 84 가장 독성이 강한 원소, 폴로늄

폴로늄은 방사능이 매우 강하여 몸속으로 들어오면 치명적인 손상을 일으켜요. 독약으로 잘 알려진 청산가리보다 독성이 25만 배 높아요.

폴로늄의 기호는 Po이고, 원자 번호는 84번이에요. '폴로늄(Polonium)'이라는 이름은 원소를 처음

정전기 방지 브러쉬

발견한 마리 퀴리의 모국인 '폴란드(Poland)'에서 따왔어요. 퀴리 부부는 우라늄에 아주 조금 들어 있는 폴로늄과 라듐을 발견하고 분리한 공로로 노벨 물리학상을 받았어요.

폴로늄은 방사성 물질이라 높은 열과 에너지를 발생할 수 있어요. 무려 500℃까지 가열될 수 있어서 인공 위성의 열원이나 원자력 전지에 사용해요. 한때는 정전기 방지 브러시를 만들 때 폴로늄을 사용했는데 지금은 사용하지 않아요.

| 원자 번호 84 Po 폴로늄 Polonium | 사용 분야 | 독약, 원자력 전지, 인공 위성의 열원 | | |
|---|---|---|---|---|
| | 발견자 | 마리 퀴리(프랑스), 피에르 퀴리(프랑스) | | |
| | 발견 연도 | 1898년 | 주기율표 족 | 16족 |
| | 상온에서 상태 | 고체 | | |

## 85 세상에서 가장 적은 원소, 아스타틴

아스타틴은 우라늄 광석에 아주 적은 양이 들어 있는데, 지구 전체에 25그램에서 30그램 정도밖에 없다고 해요.

아스타틴의 기호는 At, 원자 번호는 85번이에요. '아스타틴(Astatine)'이라는 이름은 '불안정한'이라는 뜻의 그리스어 '아스타토스(astatos)'에서 따왔지요. 이름처럼 아스타틴은 불안정해서 여덟 시간 정도 지나면 양이 절반으로 줄어들어요. 이 원소를 최초로 발견한 것은 실험실이었지요. 1940년 세 명의 미국 물리학자가 연구한 끝에 '헬륨'과 '비스무트'를 충돌시켜 아스타틴을 만들었어요.

아스타틴에 대해서 알려진 바는 많이 없어요. 다만 동위 원소인 아스타틴-211을 활용해 암 치료제를 만드는 연구가 진행 중이에요.

암 치료제

| 원자 번호 85 At 아스타틴 Astatine | 사용 분야 | 연구 목적 | | |
|---|---|---|---|---|
| | 발견자 | 데일 R. 코슨(미국), 케네스 로스 매켄지(미국), 에밀리오 지노 세그레(미국) | | |
| | 발견 연도 | 1940년 | 주기율표 족 | 17족 |
| | 상온에서 상태 | 고체로 추정 | | |

## 86 마시면 위험한 원소, 라돈

라돈은 방사능 때문에 생활 속에서 거의 사용하지 않지만, 공기 중 라돈의 양을 측정해 지진을 미리 예측할 수는 있어요. 지각 변동이 생길 때, 땅 속의 라돈이 공기 중으로 올라오는 원리를 활용한 것이죠.

땅 속의 라돈

라돈의 기호는 Rn이고, 원자 번호는 86번이에요. '라돈(Radon)'의 이름은 '라듐에서 생긴 기체'라는 의미를 갖고 있어요. 라듐 원소에서 생겨난 기체를 연구하다가 발견했거든요. 라돈은 색, 냄새, 맛이 없으며 반응성이 매우 낮아요. 공기보다 약 8배 무거워요. 라돈은 방사성을 갖고 있어 인간에게 굉장히 위험한 원소예요. 기체 상태인 라돈을 계속 흡입하면 폐암에 걸릴 확률이 높다고 해요.

| 원자 번호 86 Rn 라돈 Radon | 사용 분야 | 지진 예측, 암 치료를 위한 수술용 임플란트 등 | | |
|---|---|---|---|---|
| | 발견자 | 프리드리히 에른스트 도른(독일) | | |
| | 발견 연도 | 1900년 | 주기율표 족 | 18족 |
| | 상온에서 상태 | 기체 | | |

## 87 프랑스 이름을 딴 원소, 프랑슘

프랑슘의 기호는 Fr이고, 원자 번호는 87번이에요. '프랑슘(Francium)'은 프랑스의 여성 과학자 마르그리트 페레가 처음 발견한 뒤, '프랑스'에서 이름을 따와 지었어요.

자기 광학 트랩

프랑슘은 지구에서 두 번째로 적은 원소여서 얻기가 매우 힘들다고 해요. 만들거나 얻어도 불안정해서 최대 22분만 그대로 있고 곧 다른 물질로 변해 버려요. 그래서 자기 광학 트랩을 이용해 프랑슘 원자들을 한곳에 모아 성질을 연구하기도 했어요. 그럼에도 이 원소에 대해서는 잘 알려진 것이 없어요.

과학자들은 앞에 나온 세슘과 비슷하여 물속에 던지면 순식간에 큰 폭발이 일어날 것이라고 추측하고 있어요.

| 원자 번호 87 **Fr** 프랑슘 Francium | 사용 분야 | 연구 목적 | | |
| --- | --- | --- | --- | --- |
| | 발견자 | 마르그리트 페레(프랑스) | | |
| | 발견 연도 | 1939년 | 주기율표 족 | 1족 |
| | 상온에서 상태 | 고체 | | |

## 88 마리 퀴리에게 노벨상을 안긴 원소, 라듐

마리 퀴리는 1903년 노벨 물리학상과 1911년 노벨 화학상을 받았어요. 우라늄 광석에서 '라듐'을 발견한 덕분이지요. 처음에는 남편 피에르와 라듐 화합물을 발견해서 노벨 물리학상을 받았어요. 그 후 혼자 연구를 더 해서 순수한 라듐을 분리한 덕분에 노벨 화학상을 받았지요.

라듐의 기호는 Ra이고, 원자 번호는 88번이에요. '라듐(radium)'의 이름은 '빛을 내다'는 뜻의 라틴어 '라디우스(radius)'에서 따왔어요. 어둠 속에서 스스로 빛을 내기 때문이지요. 라듐이 처음 발견되었을 때는 모든 병을 고쳐 줄 거라고 잘못 알려져서 다양한 물건들이 만들어졌지만, 주머니에 몇 시간만 넣고 있어도 피부병이 생긴다는 사실이 뒤늦게 밝혀져서 이제는 사용되지 않고 있어요.

야광 시계

| 원자 번호 88 Ra 라듐 Radium | 사용 분야 | 형광 페인트, 야광 시계, 암 치료제(오늘날에는 사용되지 않음) | | |
|---|---|---|---|---|
| | 발견자 | 마리 퀴리(프랑스), 피에르 퀴리(프랑스) | | |
| | 발견 연도 | 1898년 | 주기율표 족 | 2족 |
| | 상온에서 상태 | 고체 | | |

## 89~103 높은 에너지의 방사성 원소들, 악티늄족

악티늄족은 악티늄(원자 번호 89)부터 로렌슘(원자 번호 103)까지의 원소들을 말해요. 이 원소들은 대부분 '방사성 원소'들이에요. 방사성 원소들은 방사선을 내뿜고 붕괴하면서 안정된 상태의 원소로 변해요. 이 과정에서 높은 에너지를 발생시키지요. 원자력 발전이나 원자력 전지 그리고 연구 목적으로 많이 쓰이고 있어요.

### 89 악티늄 Ac

'악티늄(Actinium)'의 기호는 Ac이고, 원자 번호는 89번이에요. 우라늄(원자 번호 92) 광석에서 발견한 원소인데, 어두운 곳에서도 빛을 내는 성질이 있어요. 강한 방사성 때문에 다른 곳에는 쓰이지 않지만 암 치료제로는 사용되고 있어요.

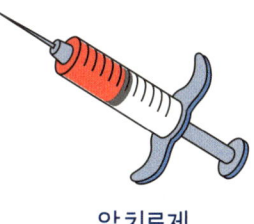
암 치료제

## 90 토륨 Th

'토륨(Thorium)'의 기호는 Th이고, 원자 번호는 90번이에요. 이름은 북유럽 신화에 등장하는 천둥의 신 '토르(Thor)'에서 따왔어요. 토륨은 우라늄보다 많이 존재하고 다루기가 쉬워요. 또 에너지도 더 많이 발생시킬 수 있어서 미래의 연료로 주목을 받고 있지요. 과거에는 가스등의 점화구에 씌우는 그물을 만드는 데 토륨을 이용했어요.

가스등 그물

## 91 프로트악티늄 Pa

'프로트악티늄(Protactinium)'의 기호는 Pa이고, 원자 번호는 91번이에요. 원소가 붕괴하면서 악티늄을 거쳐서 납(원자 번호 82)으로 변해요. 그래서 악티늄에 '기원'이라는 그리스어 '프로토스(protos)'를 붙여서 '악티늄의 기원'이라는 뜻을 갖고 있지요. 강한 방사능을 내뿜기 때문에 연구 목적으로만 사용돼요.

## 92 우라늄 U

'우라늄(Uranium)'의 기호는 U이고, 원자 번호는 92번이에요. 처음으로 방사선이 발견된 원소인데, 핵분열을 일으켜 큰 에너지를 만들 수 있

원자력 발전소

어요. 이러한 성질을 이용해서 사람들에게 도움이 되는 원자력 발전으로 쓰이지만 반대로 사람을 죽일 수 있는 원자 폭탄을 만들 수도 있어요. 그래서 핵전쟁에 대한 위험을 막고자 우라늄을 이용하는 일부 기술을 국제적으로 강하게 규제하고 있어요.

## 93 넵투늄 Np

'넵투늄(Neptunium)'의 기호는 Np이고, 원자 번호는 93번이에요. 우라늄으로 만든 인공 금속이지요. 넵투늄부터 오가네손(원자 번호 118)까지를 우라늄보다 원자 번호가 큰 원소라고 하여 '초우라늄 원소'라고 불러요. 넵투늄은 원자력 전지나 연구 목적으로만 사용돼요.

## 94 플루토늄 Pu

원자 폭탄

'플루토늄(Plutonium)'의 기호는 Pu이고, 원자 번호는 94번이에요. 원자로에서 우라늄 또는 넵투늄으로 만들어요. 핵폭탄으로 주로 쓰이며, 미국이 일본 나가사키 지역에 떨어뜨린 폭탄의 재료였어요. 원자력 전지나 의료용 기기인 페이스 메이커에도 쓰여요.

## 95 아메리슘 Am

화재경보기

'아메리슘(Americium)'의 기호는 Am이고, 원자 번호는 95번이에요. 미국 화학자가 처음 발견해 '아메리카 대륙'의 이름을 따서 원소 이름을 지었어요. 아메리슘은 주로 화재경보기에 사용돼요. 연기가 닿으면 탐지기 속의 전류의 흐름이 바뀌는 것을 아메리슘의 방사선이 감지하여 작동해요.

## 96 퀴륨 Cm

'퀴륨(Curium)'의 기호는 Cm이고, 원자 번호는 96번이에요. 이름은 방사능을 연구했던 퀴리 부부의 성을 따서 만들었어요. 어둠 속에서 자주색 빛을 내며, 란타넘족

광물 분석기

에 있는 가돌리늄과 비슷한 성질을 가지고 있어요. 강한 방사능을 내뿜기 때문에 잘 사용하지 않으나 우주 탐사선의 원자력 전지나 광물 분석기 등에 사용돼요.

## 97 버클륨 Bk

'버클륨(Berkelium)'의 기호는 Bk이고, 원자 번호는 97번이에요. 원소의 이름은 미국의 '버클리 캠퍼스(UC Berkeley)'의 이름을 따서 만들었어요. 복잡한 과정으로 원소를 발견했지만, 매우 희귀하고 다른 용도가 알려지지 않아서 연구 목적으로만 사용되고 있어요.

## 98 캘리포늄 Cf

'캘리포늄(Californium)'의 기호는 Cf이고, 원자 번호는 98번이에요. 얻는 양이 매우 적어서 118개의 원소 중에서 가장 가격이 비싸요. 캘리포늄은 항암 치료에 이용할 수 있어요. 조그만 양을 암 조직에 이식시켜 암세포를 파괴하는 방법인데, 현재 임상 단계에 있다고 해요. 또 원소의 방사선을 이용해 땅속에 묻힌 광물을 분석하거나 지뢰를 탐지하고, 건물의 기둥 속을 조사해요.

광물 분석기

## 99 아인슈타이늄 Es

'아인슈타이늄(Einsteinium)'의 기호는 Es이고, 원자 번호는 99번이에요. 원소의 이름은 '상대성 이론'을 연구한 미국의 물리학자 '알버트 아인슈타인(Albert Einstein)'의 이름을 따서 만들었어요. 아인슈타이늄은 수소 폭탄 실험을 하다 우연히 발견되었어요. 너무 적은 양이 만들어지고 짧은 시간 존재해서 연구 목적으로만 사용돼요.

## 100 페르뮴 Fm

 '페르뮴(Fermium)'의 기호는 Fm이고, 원자 번호는 100번이에요. 원소의 이름은 세계 최초의 원자로를 만든 이탈리아의 물리학자 '엔리코 페르미(Enrico Fermi)'의 이름을 따서 지었어요. 페르뮴도 수소 폭탄 실험을 하다 발견되었어요. 강한 방사선을 내뿜는 원소인데, 현재는 연구 목적 외에는 쓰이고 있지 않아요.

## 101 멘델레븀 Md

 '멘델레븀(Mendelevium)'의 기호는 Md이고, 원자 번호는 101번이에요. 원소의 이름은 주기율표를 만든 '드미트리 멘델레예프(Dmitri Mendeleev)'의 이름을 따서 지었어요. 멘델레븀은 얻어지는 양이 너무 적고 빠르게 붕괴하기 때문에 현재는 연구 목적으로만 사용해요.

## 102 노벨륨 No

'노벨륨(Nobelium)'의 기호는 No이고, 원자 번호는 102번이에요. 원소의 이름은 다이너마이트를 발명하고 노벨 재단을 만든 '알프레드 노벨(Alfred Nobel)'의 이름을 따서 지었어요. 인공 원소이며 은백색 금속이에요. 다른 용도는 없으며, 연구 목적으로만 사용돼요.

## 103 로렌슘 Lr

'로렌슘(Lawrencium)'의 기호는 Lr이고, 원자 번호는 103번이에요. 원소의 이름은 인공 원소를 만들 수 있는 원형 입자 가속기 '사이클로트론'을 발명한 물리학자 '어니스트 올랜도 로런스(Ernest Orlando Lawrence)'의 이름을 따서 지었어요. 마지막 악티늄족 원소이며, 방사성 붕괴 성질 외에는 알려진 것이 없어요.

## 104~118 연구 목적으로 사용되는 원소들

 2006년까지 국제 순수 응용화학 연맹에서 공식적으로 인정한 원소는 110번 다름슈타튬까지였어요. 새로운 원소를 발견하려는 과학자들의 노력은 이후에도 계속되었고 2016년 11월 기준, 118개의 원소가 공식적으로 인정되었답니다.

### 104 러더포듐 Rf

 '러더포듐(Rutherfordium)'의 기호는 Rf이고, 원자 번호는 104번이에요. 원소 이름은 방사선의 알파선과 베타선, 원자핵을 발견한 뉴질랜드의 물리학자 '어니스트 러더퍼드(Ernest Rutherford)'의 이름을 따서 만들었어요. 아주 적은 양이 만들어지고 빠르게 사라지기 때문에 연구 목적으로만 사용돼요.

## 105 더브늄 Db

'더브늄(Dubnium)'의 기호는 Db이고, 원자 번호는 105번이에요. 원소 이름은 원소가 발견된 연구소가 있는 '두브나(Dubna)'의 이름을 따서 만들었어요. 더브늄은 인공 원소로 아주 적은 양이 만들어지고 순식간에 사라지기 때문에 다른 용도는 알려지지 않았어요.

## 106 시보르기움 Sg

'시보르기움(Seaborgium)'의 기호는 Sg이고, 원자 번호는 106번이에요. 원소 이름은 원소의 발견자는 아니지만 방사성 원소를 연구했던 미국의 화학자 '글렌 시보그(Glenn T. Seaborg)'의 이름을 따서 지었어요. 살아 있던 사람의 이름을 따온 최초의 원소예요.

## 107 보륨 Bh

'보륨(Bohrium)'의 기호는 Bh이고, 원자 번호는 107번이에요. 원소 이름은 양자 역학의 발전에 힘쓴 덴마크의 물리학자 '닐스 보어(Niels Bohr)'의 이름을 따서 지었어요. 보륨은 적은 양이 만들어지고 짧은 시간 존재하기 때문에 연구 목적으로만 사용돼요.

### 108 하슘 Hs

'하슘(Hassium)'의 기호는 Hs이고, 원자 번호는 108번이에요. 오스뮴(원자 번호 76)과 비슷한 성질을 가진 것으로 추측하고 있어요. 하슘은 인공 원소로 지금까지 만들어진 수가 적고 붕괴 속도가 매우 빨라서 연구 목적으로만 사용돼요.

### 109 마이트너륨 Mt

'마이트너륨(Meitnerium)'의 기호는 Mt이고, 원자 번호는 109번이에요. 원소 이름은 핵분열을 연구하고 프로트악티늄(원자 번호 91)을 발견한 오스트리아의 물리학자 '리제 마이트너(Lise Meitner)'의 이름을 따서 만들었어요. 성질이 확실하게 밝혀지지 않았고, 연구 목적으로만 사용돼요.

### 110 다름슈타튬 Ds

'다름슈타튬(Darmstadtium)'의 기호는 Ds이고, 원자 번호는 110번이에요. 원소 이름은 독일의 도시 '다름슈타트(Darmstadt)'에서 따왔어요. 가속기(입자를 가속시키기 위해 만든 장치)로 만들어지는 인공 원소이며, 붕괴 속도가 빨라 연구 목적으로만 사용돼요.

### 111 뢴트게늄 Rg

'뢴트게늄(Roentgenium)'의 기호는 Rg이고, 원자 번호는 111번이에요. 원소 이름은 엑스선을 발견한 독일의 물리학자 '빌헬름 콘라트 뢴트겐(Wilhelm Conrad Rontgen)'의 이름을 따서 만들었어요. 뢴트게늄은 적은 양이 발견되고 금방 사라져서 특징을 알 수 없어요. 연구 목적으로만 사용돼요.

### 112 코페르니슘 Cn

'코페르니슘(Copernicium)'의 기호는 Cn이고, 원자 번호는 112번이에요. 원소 이름은 지동설을 주장한 폴란드의 천문학자 '니콜라스 코페르니쿠스(Nicolaus Copernicus)'의 이름을 따서 만들었어요. 코페르니슘은 기체로 존재하는 금속으로 추측하고 있으며, 매우 적은 양이 얻어지고 금방 붕괴하여 연구 목적으로만 사용돼요.

### 113 니호늄 Nh

'니호늄(Nihonium)'의 기호는 Nh이고, 원자 번호는 113번이에요. 이름은 '일본'을 의미하는 일본어 '니혼(Nihon)'에서 따왔어요. 일본의 '이화

학연구소(RIKEN)'에서 발견했거든요. 니호늄은 아주 짧은 시간 존재해서 알려진 것은 많이 없어요.

### 114 플레로븀 Fl

'플레로븀(Flerovium)'의 기호는 Fl이고, 원자 번호는 114번이에요. 기체로 존재하는 금속이며, 적은 양만 만들어져요. 플레로븀은 끓는점이 영하 60℃ 정도이며, 납과 성질이 비슷하다고 추측하고 있어요.

### 115 모스코븀 Mc

'모스코븀(Moscovium)'의 기호는 Mc이고, 원자 번호는 115번이에요. 이름은 원소가 발견된 '두브나 연구소'가 있던 '모스크바(Moscov)'의 이름을 따서 지었어요. 모스코븀은 너무 짧은 시간 동안 존재했기에 아직 발견된 특성은 전혀 없어요.

### 116 리버모륨 Lv

'리버모륨(Livermorium)'의 기호는 Lv이고, 원자 번호는 116번이에요. 이름은 원소가 발견된 연구소가 있던 미국의 '리버모어(Livermore)'의 이름을 따서 만들었어요. 처음에는 '우눈헥슘'으로 불리다가 2012년에 지금의 이름이 되었어요. 현재까지 수십 개의 원자만 발견되었고, 매우 짧은 시간 존재하기 때문에 연구 목적으로만 사용돼요.

## 117 테네신 Ts

'테네신(Tennessine)'의 기호는 Ts이고, 원자 번호는 117번이에요. 가장 무거운 17족 원소로, 방사성이 있다는 특성 외에는 알려진 것이 없어요. 발견된 양도 매우 적고 빠르게 사라지기 때문이에요.

## 118 오가네손 Og

'오가네손(Oganesson)'의 기호는 Og이고, 원자 번호는 118번이에요. 주기율표의 마지막 원소이고 가장 무거운 인공 원소예요. 빠르게 붕괴해서 성질을 알 수 없지만, 과학자들은 방사성 기체라고 예상해요. 매우 적은 양이 존재하기 때문에 연구 목적으로만 사용돼요.

오가네손 이후의 원소를 찾기 위해 과학자들은 열심히 연구 중이에요. 많은 사람들이 다음 원소가 어서 발견되기를 기대하고 있어요.